Tesoros
de la
Naturaleza

Escrito por Ben Hoare

Ilustrado por Kaley McKean

Contenidos

ANIMALES

PLANTAS, HONGOS Y ALGAS

MINERALES Y ROCAS

ORIGEN NATURAL

Introducción

Miremos donde miremos, siempre podemos encontrar algún tesoro natural.

Este es un libro sobre los muchos objetos maravillosos que provienen de los animales, las plantas e incluso de la propia Tierra. En sus páginas encontrarás deslumbrantes plumas, frutos blindados, huevos extraordinarios, duros dientes, esqueletos de hojas, brillantes gemas, fósiles ancestrales, semillas explosivas, telarañas muy pegajosas, rocas del espacio exterior y muchas cosas más. Descubrirás dónde encontrar todos estos tesoros tan fascinantes, cómo son y cómo pueden utilizarse.

Cada uno de los objetos nos cuenta una historia. Sin embargo, todos ellos están conectadas porque forman parte de los 4500 millones de años de historia de la vida en la Tierra.

La variedad de la vida es infinita. Cuanto más tiempo dediquemos a observar el mundo que nos rodea, más cosas descubriremos y más aprenderemos. Puede que incluso comencemos a cuidar mejor de los tesoros naturales del planeta. Al fin y al cabo, los seres humanos también formamos parte de la naturaleza.

Ben Hoare
Autor

Tesoros de la naturaleza

Los objetos del mundo natural pueden agruparse según su procedencia y composición. Los tres tipos principales son los que forman parte de los animales, de las plantas o de los minerales, tales como las plumas, las hojas y los cristales. Pero algunos de estos tesoros naturales los construyen los propios organismos con materiales que les rodean.

Las pezuñas de la cebra son de queratina.

ANIMALES

Los animales constituyen el grupo más grande de seres vivos. Hasta la fecha, se han identificado unos dos millones de especies, la mayoría de ellas insectos, pero aún quedan millones por descubrir. Cada especie recibe un nombre científico, normalmente en latín, la lengua de los antiguos romanos.

Las siemprevivas presentan espirales de hojas firmes que almacenan el agua.

PLANTAS, HONGOS Y ALGAS

Las plantas son el segundo grupo de seres vivos más grande. Fabrican su propio alimento en un proceso llamado fotosíntesis. Cada especie tiene su nombre científico. Algunos objetos son producidos por unos organismos muy parecidos a las plantas, pero que en realidad no lo son, y que incluyen los hongos y las algas.

MINERALES Y ROCAS

Los minerales son materiales sólidos presentes de forma natural en la Tierra y debajo de su superficie. Cada tipo de mineral está formado por una mezcla determinada de sustancias químicas. Algunos son piedras preciosas de colores brillantes. Los minerales no están vivos, pero cambian y suelen combinarse para formar rocas.

Estos rubíes están atrapados en la roca.

HECHO POR LA NATURALEZA

Muchos objetos naturales no son partes de seres vivos, sino que son creados por los animales. Los nidos, las telarañas y las heces están hechos de materiales que las criaturas crean o encuentran en su entorno. Los animales saben cómo hacerlos por instinto.

Esta funda tubular es el hogar de la larva del tricóptero, que la construye.

Observar la naturaleza

Las reservas naturales son fantásticas, pero no son los únicos lugares con vida salvaje y tesoros naturales. Puedes encontrarlos en los sitios más insospechados, incluso en pueblos y ciudades. Mantén los ojos abiertos y no tardarás en hacer hallazgos de lo más fascinantes.

Playa

Parque

Bosque

Prado

Dónde mirar

Tendrás más éxito si miras hacia arriba, o detrás y debajo de las cosas. Agáchate a nivel del suelo y examina distintos hábitats. Las playas, los parques, los bosques y los prados son buenos lugares para empezar a buscar.

Cuándo mirar

Algunas cosas son más fáciles de observar durante una estación concreta o en un momento determinado del día. Muchos frutos y semillas aparecen en otoño; y las telarañas son más fáciles de ver cuando la lluvia, la niebla o el rocío las cubre de gotitas de agua.

Colecciones naturales

Los primeros museos de historia natural se llamaron «gabinetes de curiosidades» o «cuartos de maravillas». Se trataba de vitrinas, o a veces estancias enteras, que mostraban colecciones privadas de tesoros naturales. Los museos modernos albergan grandes colecciones que se usan para la educación y la investigación.

Descubre la naturaleza de forma responsable

Aunque resulte tentador quedarse con los hermosos objetos naturales que encuentres, recuerda que es posible que los animales y las plantas los necesiten. Un nido vacío puede ser usado por otros animales. Además, si los dejas, podrán disfrutarlos otras personas.

Sí

- Cuando salgas a explorar, pide a un adulto que te acompañe.

- Viste ropa apropiada.

- Toma notas y haz fotografías de tus hallazgos.

- Examina los objetos y déjalos de nuevo en su sitio.

- Lávate las manos después de tocar nidos y heces.

- Cierra las puertas tras de ti.

No

- No molestes a los animales, las plantas u otras formas de vida salvaje, y nunca toques los huevos.

- No comas frutos, semillas, hojas ni nada que encuentres: podrían ser venenosos.

- No toques los objetos salvo que sepas que no entrañan peligro.

- No compres corales, caracolas, insectos o huesos como suvenir.

- No dejes basura.

9

CAPÍTULO 1

Animales

Hay animales en todo el mundo. Para poder sobrevivir en los distintos hábitats, han desarrollado todo tipo de estructuras y apéndices. Hay muchos objetos animales con los que maravillarse, desde las bonitas escamas de las alas de una mariposa hasta los afilados colmillos de un elefante.

Extremo puntiagudo

Este huevo tiene un extremo puntiagudo y así encaja en el nido con los otros tres.

Los huevos del chorlitejo grande pasan inadvertidos entre los guijarros.

Agujeritos

En este primer plano puedes ver los poros, unos agujeritos por los que el oxígeno entra en el huevo.

Las manchas y puntos imitan los colores del nido.

El carbonato cálcico es blanco y también lo es la cáscara, a menos que se le añadan otros pigmentos.

Huevo de ave

Esta maravilla de la naturaleza, que protege al polluelo en su interior, contiene todo lo que este necesita para desarrollarse.

Un huevo de ave tiene algo de mágico. Simboliza el comienzo de una nueva vida. Este precioso huevo lo puso una hembra de chorlitejo grande en su nido, en una playa de guijarros. Justo un día antes, era un globo flexible dentro de su cuerpo. Primero se formó la yema, de color amarillo intenso, y luego la viscosa y acuosa albúmina, o clara. Después apareció una fina membrana para mantenerlo todo unido y en su sitio. Más tarde se formó la cáscara de carbonato cálcico, el mismo material del que está hecha la tiza. Y, para terminar, un toque de color. La hembra ya estaba lista para poner el huevo.

El increíble proceso para producir un huevo como este dura solo 24 horas, pero requiere una enorme cantidad de energía. La hembra debe alimentarse bien antes de empezar. Come huesos o caparazones de caracol para obtener calcio adicional con el que fabricar la cáscara. Cada huevo es una cápsula de seguridad que mantiene a salvo en su interior a la diminuta cría —en esta etapa se la llama embrión—, que empieza teniendo el tamaño de un punto pero en poco tiempo se convierte en un polluelo.

Chorlitejo grande
(*Charadrius hiaticula*)
Esta ave se reproduce en el hemisferio norte. Pone una nidada, o grupo, de cuatro huevos en un nido construido en el suelo.

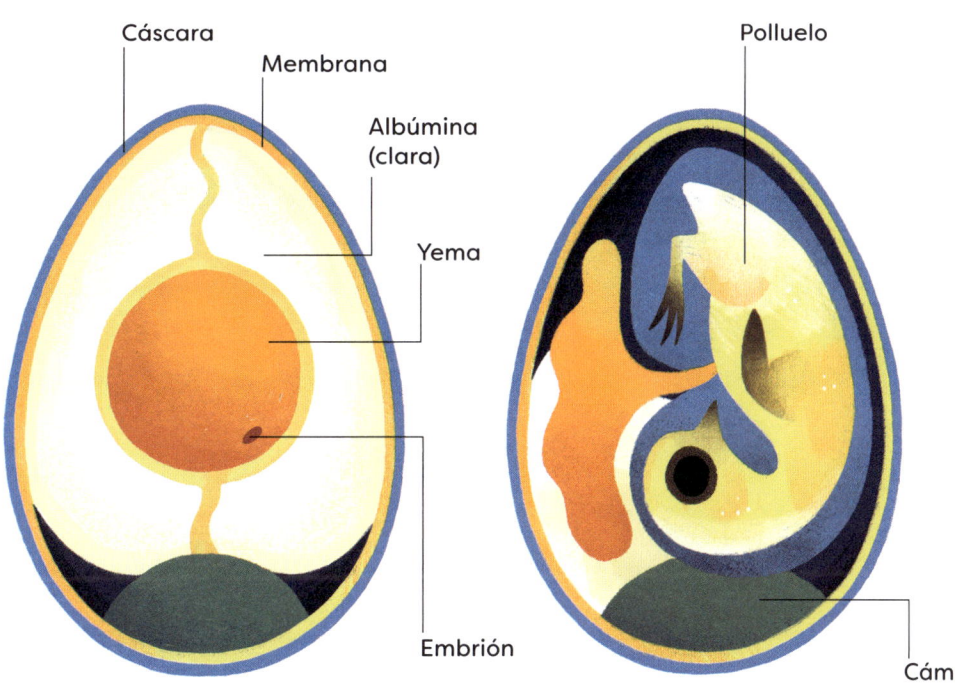

Cáscara
Membrana
Albúmina (clara)
Yema
Polluelo
Embrión
Cámara de aire

Dentro del huevo

A medida que el embrión crece, va consumiendo el alimento que contienen la yema y la clara. El oxígeno entra por unos agujeritos que hay en la cáscara. Cuando el polluelo está listo para eclosionar, respira por primera vez tomando el aire de la cámara que hay en un extremo del huevo.

13

Tipos de huevos

Los huevos de las aves pueden ser muy distintos entre sí, así que te sorprenderá saber que todos deben su color a tan solo dos pigmentos: uno pardo rojizo y otro verde. Al mezclarse, crean una increíble variedad de tonos y diseños.

Colibrí de garganta roja

Estos huevos del tamaño de un guisante apenas pesan 0,5 g. Puede parecer poco, pero son enormes para la hembra de colibrí que los pone, que pesa 3 g.

Cuco común

La hembra pone los huevos en el nido de otros pájaros, uno por nido, para que se los cuiden. Sus huevos son muy parecidos a los de los padres de acogida.

Mirlo americano

De vivo color azul, son bien visibles. Se cree que las hembras de mirlo más fuertes ponen huevos de color más intenso, para animar a los machos a llevar más comida a sus polluelos.

Gallina de corral

Las gallinas actuales pueden poner 300 huevos al año. Su ancestro, la gallina silvestre roja, pone una sola nidada de entre 5 y 8 huevos en el mismo tiempo.

Martineta de cresta

Sus huevos son lisos y brillantes como las gemas pulidas. Pueden ser rosas o morados, verdes o azules. Los de esta especie son verde oliva.

Arao común

Cada huevo es distinto. Así, los progenitores pueden distinguir el suyo entre todos los demás en los acantilados donde anidan.

Formas

Cada ave pone un tipo de huevo. Creemos que el típico es el huevo ovalado de la gallina. Pero algunas ponen huevos puntiagudos, en forma de pera o perfectamente redondos.

Ovalado

Cónico

Forma de pera

Esférico

Emú

La hembra pone unos enormes huevos negros o verde oscuro. Es el macho el que los cuida, como en el caso del avestruz.

Avestruz

Con sus 1,5 kg, es el huevo de ave más grande que existe. Es blanco para reflejar el calor; así no se cuece bajo el ardiente sol del desierto.

La tortuga eclosiona

Una cría de tortuga boba sale del huevo tras pasar en
él unos 60 días. Las tortugas y otros reptiles ponen
unos huevos bastante distintos a los de las aves.
Su cáscara es blanda, blanca y redondeada. La madre
suele enterrarlos en la arena caliente o entre la
vegetación, para que las crías se incuben y crezcan.

17

Cápsula vieja
Las cápsulas vacías son correosas y oscuras.

Bien atada
Los filamentos rígidos de los extremos sirven para atar la cápsula a las algas, para que las fuertes corrientes y las violentas tormentas no puedan arrancarla del lecho marino.

La pintarroja pone dos huevos en cada nidada.

Orificios de aireación
La cápsula tiene unos orificios diminutos por los que el oxígeno y el agua de mar llegan a la cría.

La cría de tiburón sale por el hueco que hay en un extremo de la cápsula.

18

Bolsa de sirena

Algunos tiburones y rayas ponen unas misteriosas cápsulas de huevos, que aparecen a veces en las playas.

Hasta no hace mucho, la gente pensaba que el mar estaba lleno de monstruos y otras criaturas mitológicas. Así que es normal que este curioso objeto recibiera distintos nombres un tanto extravagantes, como bolsa de sirena o bolso de bruja. Ahora sabemos que es una cápsula de huevos que producen algunos tiburones y otras especies afines como las rayas. La cápsula está hecha de piel, puede ser amarilla, marrón o negra y tiene unos cuernos o filamentos enroscados en cada esquina. Son ligeramente translúcidas, lo que permite ver a la cría en su interior.

Una vez que las crías eclosionan, las cápsulas vacías pueden acabar en la orilla. Algunas siguen atadas a las algas a las que la hembra de tiburón las sujetó. El aire de la orilla hace que se marchiten y se oscurezcan, pero si se vuelven a meter en el mar ¡recuperan su color, textura y forma originales!

Pintarroja
(*Scyliorhinus canicula*)
Este pequeño tiburón mide menos de 1 m de largo. Vive en el litoral del noreste del océano Atlántico.

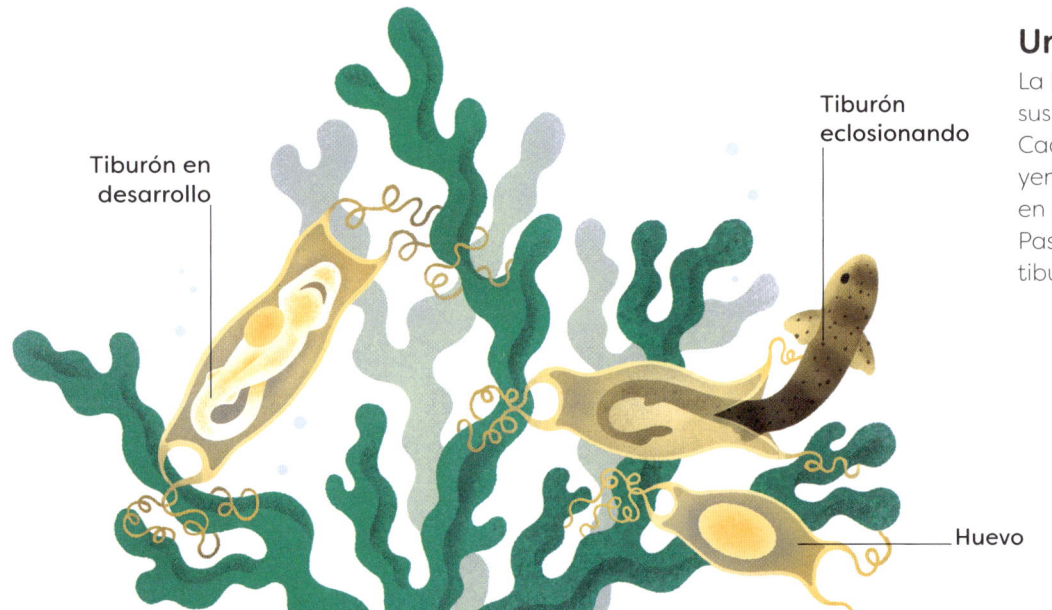

Tiburón en desarrollo

Tiburón eclosionando

Huevo

Un nuevo tiburón
La hembra de pintarroja pone sus huevos entre las algas. Cada cápsula contiene una yema para alimentar a la cría en desarrollo, o embrión. Pasados 7-10 meses, la cría de tiburón sale de la cápsula.

Las masas de huevos aparecen como por arte de magia.

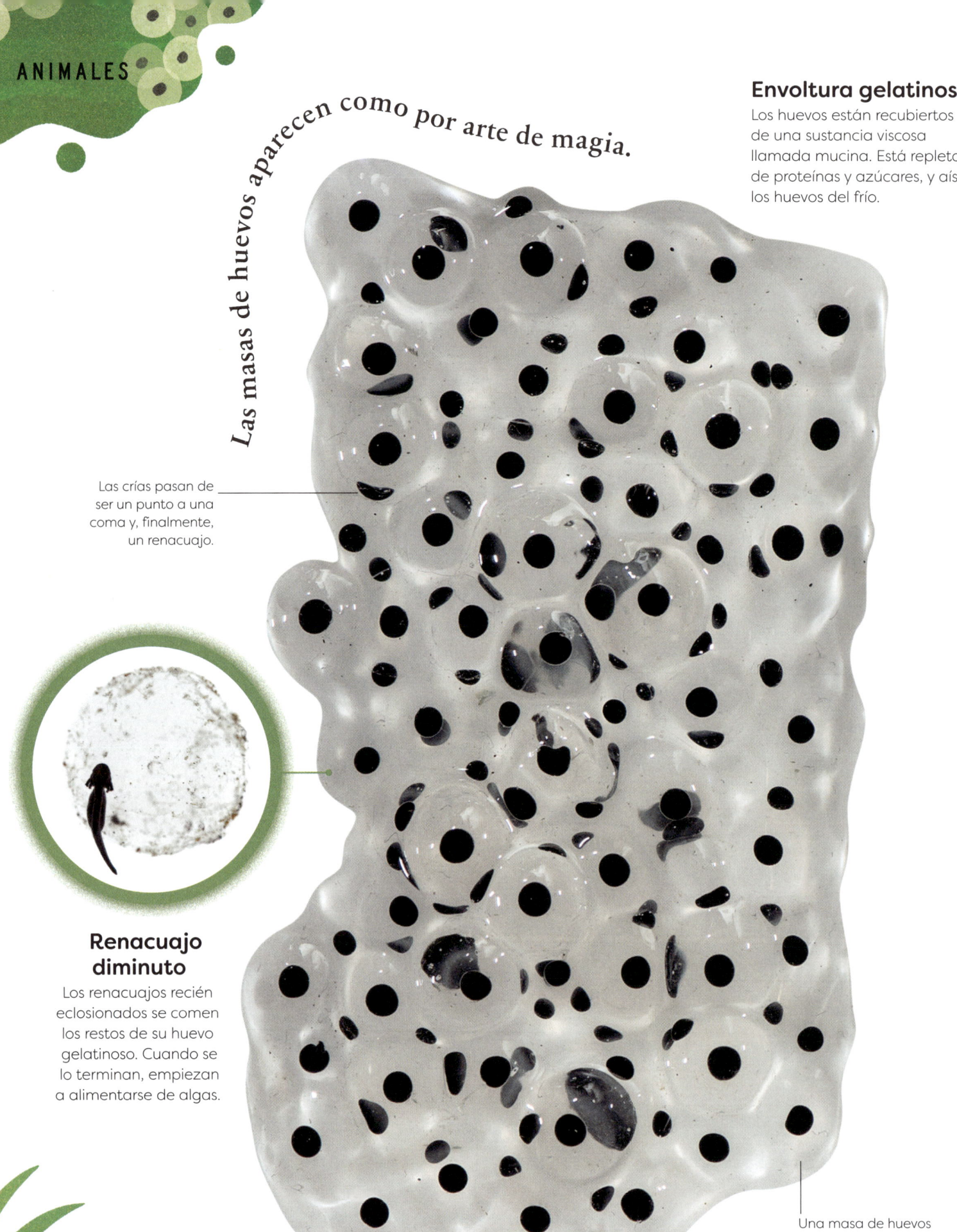

Envoltura gelatinosa

Los huevos están recubiertos de una sustancia viscosa llamada mucina. Está repleta de proteínas y azúcares, y aísla los huevos del frío.

Las crías pasan de ser un punto a una coma y, finalmente, un renacuajo.

Renacuajo diminuto

Los renacuajos recién eclosionados se comen los restos de su huevo gelatinoso. Cuando se lo terminan, empiezan a alimentarse de algas.

Una masa de huevos puede contener 2000 huevos, que la gelatina mantiene unidos.

Huevos de rana

La presencia de huevos de rana indica que la primavera está cerca.

Todas las especies de rana ponen huevos. Para evitar que los huevos se sequen mientras se desarrollan, deben ponerlos en agua dulce limpia. Suelen elegir estanques, aunque las charcas también sirven. A medida que el invierno pierde fuerza en el norte de Europa, y los días se hacen más largos, el aumento de horas de luz advierte a la rana bermeja que debe dirigirse hacia los estanques donde se reproduce. Se reproducen durante las noches templadas y lluviosas, entre febrero y abril. Al día siguiente, siempre en la parte más soleada del estanque, verás unas masas de huevos viscosos. Normalmente, varias hembras ponen a la vez los huevos, que se juntan formando grandes masas bamboleantes. Uno o dos días más tarde, la masa absorbe agua y se hincha. ¿Por qué pone tantos huevos la rana bermeja? Porque muchos de los huevos y de las crías, los renacuajos, se los comen los depredadores, como patos, larvas de escarabajos acuáticos y nutrias. La hembra debe producir el máximo de crías para asegurarse de que algunas sobreviven y llegan a convertirse en adultos.

Rana bermeja
(*Rana temporaria*)
Esta rana, presente en todo el norte de Europa, se adapta bien a las frías temperaturas. En Escandinavia vive incluso en el Ártico.

Renacuajo maduro

Rana joven

Renacuajo joven

Rana adulta

Huevos

Transformación total
El huevo es la fase inicial de su ciclo vital. De los huevos salen renacuajos que respiran mediante branquias externas. A las 8-12 semanas les crecen las patas. A las 12 semanas pierden la cola y a las 16, la rana está formada y puede respirar con los pulmones.

Plumas

Solo las aves tienen plumas. Son ligeras pero fuertes, y de colores vivos.

Una deslumbrante pluma azul destaca entre las hojas otoñales. Le cayó a un arrendajo del ala. No pesa casi nada. Es suave y delicada, pero a la vez resistente e impermeable. Gracias a esta combinación, las plumas son increíblemente útiles para las aves. En total, un arrendajo tiene unas 5000 plumas, pero un colibrí diminuto puede tener solo 1000, mientras que un cisne puede llegar a tener 25 000.

Hay muchos tipos de plumas y cada uno tiene su propia utilidad. Montones de pequeñas plumas cubren el cuerpo del pájaro y crean una superficie lisa. Debajo, cerca de la piel, hay una capa apretada de plumas suaves y mullidas, llamada plumón, que atrapa el calor y mantiene caliente al ave. Las grandes plumas remeras de las alas le permiten alzar el vuelo, y las largas plumas de la cola, llamadas timoneras, le sirven para maniobrar y mantener el equilibrio. Todas las plumas están hechas de queratina, una proteína que también forma nuestro pelo y nuestras uñas. Es tan resistente que sobrevive incluso en los fósiles. Por eso sabemos que muchos dinosaurios tenían plumas. ¡Y que las aves son dinosaurios!

Arrendajo euroasiático
(*Garrulus glandarius*)
Son unas aves de vivos colores que viven sobre todo en Asia y Europa. Cuando están excitados o asustados levantan las plumas de la cabeza.

Estructura fuerte
Del tallo principal de una pluma, llamado raquis, salen muchas ramas, las barbas, que se alinean a ambos lados como si fueran los dientes de un peine. De las barbas a su vez salen ramitas más finas, llamadas bárbulas, que unos ganchillos mantienen juntas.

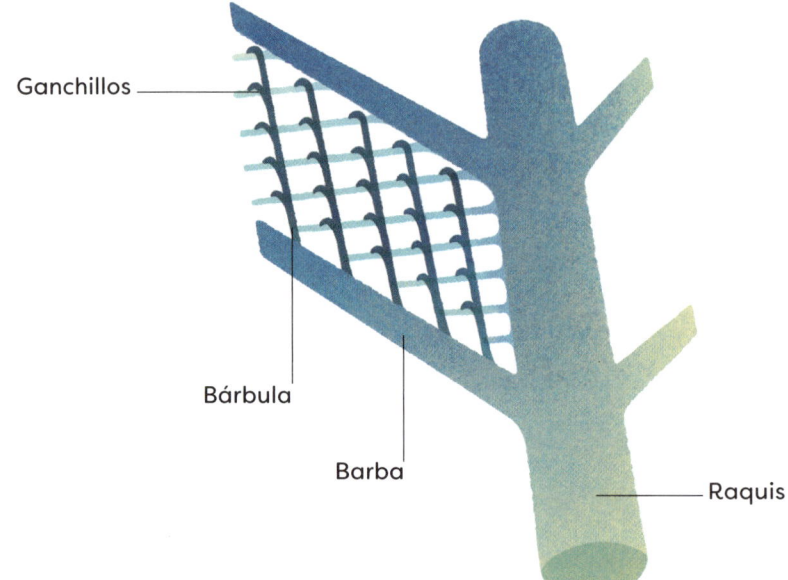

Ganchillos

Bárbula

Barba

Raquis

Plumas de vuelo

Las aves pueden extender las plumas de las alas, creando una gran superficie para empujar el aire y poder volar.

Las aves recolocan las bárbulas que se separan pasando el pico por las plumas.

Las partes visibles de la pluma tienen colores vivos.

¿Azul... o marrón?

¡En realidad esta pluma es marrón y negra! Las zonas marrones parecen azules por la forma en que reflejan la luz.

Las partes ocultas de la pluma son blancas.

Cerca del cuerpo, la pluma es mullida y mantiene el calor.

El raquis es sólido, excepto en la base, que está hueca.

Tipos de plumas

Las plumas son uno de los elementos más característicos de las aves e influyen en todos los aspectos de su vida. Pueden ser rígidas o suaves, planas o curvas, estrechas o anchas, lisas o estampadas y medir menos que una uña humana o hasta 1,5 m de largo.

Flamenco del Caribe

El impresionante color rosado de esta pluma remera de flamenco se debe a unos pigmentos de su principal fuente alimenticia: las gambas. Si dejara de comer gambas, se volvería blanco.

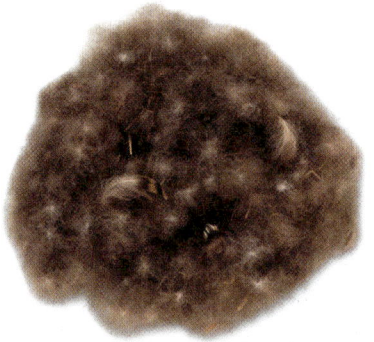

Eider común

Esta mata de plumón supersuave es de una hembra de eider. Se lo arranca para revestir el nido. Los humanos las usan para rellenar edredones y almohadas.

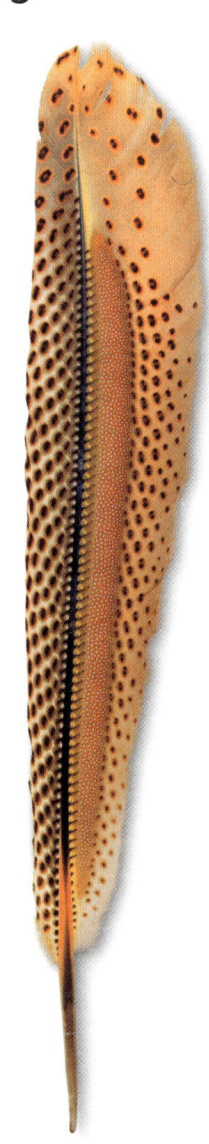

Pato mandarín

Este pato vive en el este de Asia. Los machos presentan una especie de velas de color naranja intenso en la espalda. Son dos enormes plumas remeras.

Avestruz

Sus plumas son tan mullidas que se usan para hacer plumeros. Es demasiado pesado para volar, así que no necesitan plumas de vuelo fuertes.

Argos real

Las marcas de esta pluma le ayudan a camuflarse entre las sombras del suelo de la selva, donde pasa la mayor parte del tiempo.

El ojo de las plumas de pavo real es de un tono azul iridiscente.

Cárabo común

Las plumas remeras de los búhos tienen el borde desflecado, lo que amortigua el sonido del aire. Así pueden volar en silencio y caer de improviso sobre sus presas.

Pavo real

El macho tiene unas 150 plumas en la cola, cada una de ellas con el dibujo de un ojo iridiscente en el extremo. Extiende las plumas para formar un abanico con el que impresionar a las hembras.

Cotorra de Kramer

Esta cotorra tiene una cola puntiaguda formada por 12 plumas. Las centrales pueden llegar a medir 20 cm de largo: ¡la mitad de su longitud total!

Plumas diversas

Los pájaros tienen distintos tipos de plumas y cada una sirve para una cosa. Las plumas de la cola y las alas son fuertes y firmes, mientras que las del cuerpo son mullidas por abajo para proporcionar calor. El plumón es el más cálido. Algunas plumas sirven solo para exhibirse.

Filoplumas

Semiplumas

Plumón

Pluma del ala

Pluma de la cola

25

Alas de libélula

Gracias a sus alas, las libélulas son los insectos más rápidos y ágiles que existen.

Cuando veas a una libélula zumbando sobre un estanque, recuerda esto: sus antepasados, del tamaño de un pájaro, hacían lo mismo hace 300 millones de años. Estos parientes de tamaño gigante fueron una de las primeras criaturas que surcaron los cielos, mucho antes que el resto de los insectos. Actualmente las libélulas sirven de inspiración a los ingenieros que intentan crear nuevos tipos de drones diminutos.

Al igual que ellas, tienen cuatro alas que se mueven de forma independiente. Esa característica única es la que permite que las libélulas sean tan ágiles. Pueden acelerar a toda pastilla, pero también detenerse de golpe en el aire. Pueden planear y girar de repente, subir en vertical y trazar espirales. Incluso pueden volar hacia atrás.

Gracias a sus habilidades acrobáticas, son temibles depredadores capaces de atrapar todo tipo de insectos. ¡Incluso libélulas más pequeñas! Accionan las alas con unos enormes músculos situados en la parte central del cuerpo. Son tan grandes que cuando hace frío tienen que calentarlos al sol o batiendo las alas antes de alzar el vuelo.

Libélula flecha roja
(*Sympetrum striolatum*)
Es la libélula más común en la mayor parte de Europa. Los machos tienen el cuerpo naranja rojizo y las hembras amarillo parduzco.

Volador veloz
Las libélulas suelen batir los dos pares de alas de forma alterna. Bajan las delanteras y suben las traseras, y luego al revés. Si miras a una libélula de frente, la sensación es que forman una especie de «X» con las alas.

Ala trasera

Ala delantera

Esta mancha oscura es más pesada y actúa como estabilizador durante el vuelo.

Posición de las alas

En reposo, mantienen las alas abiertas y horizontales; los caballitos del diablo las pliegan hacia atrás.

Las venas más grandes fortalecen el ala.

Articulación que une el ala al cuerpo.

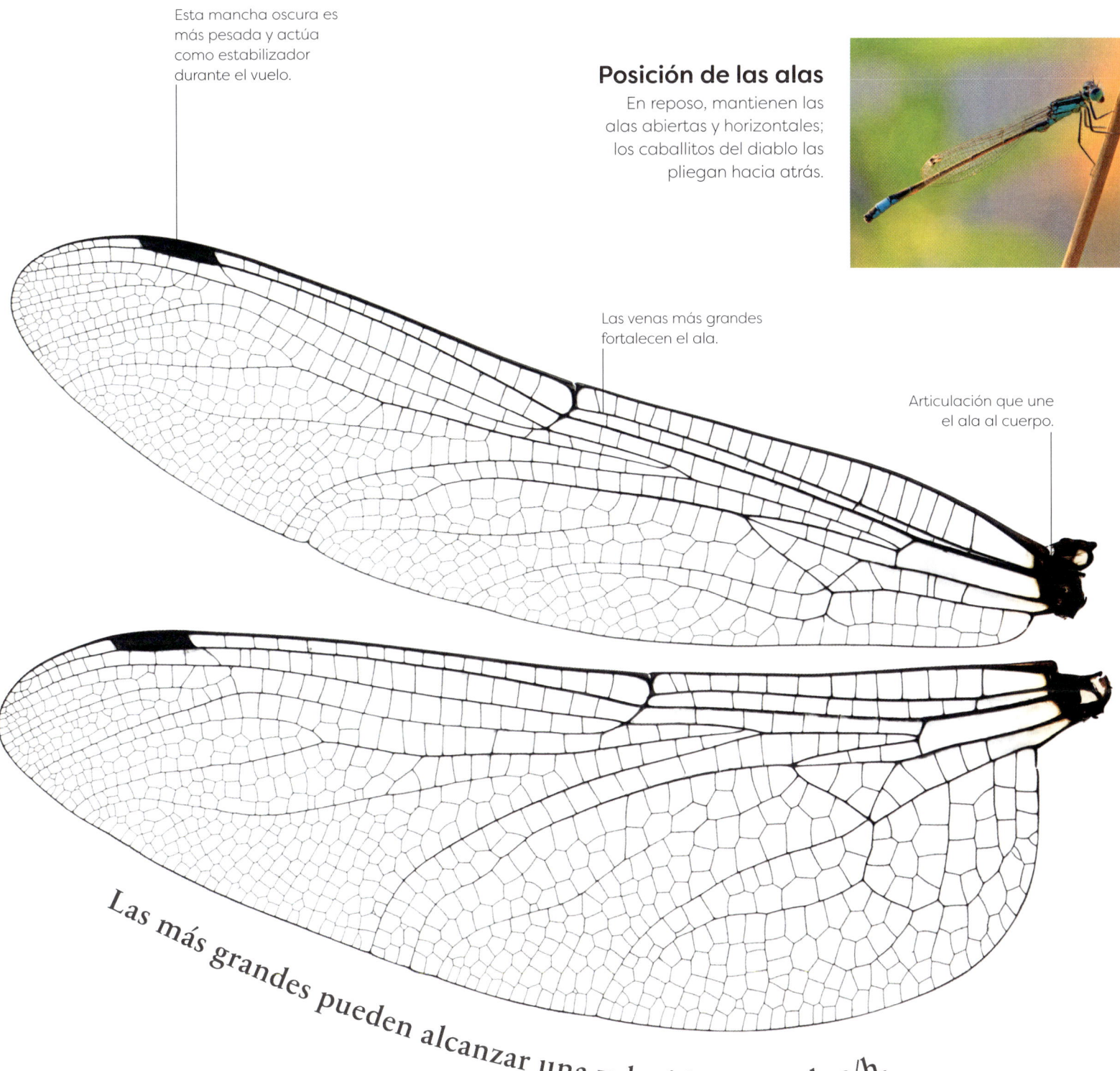

Las más grandes pueden alcanzar una velocidad de 55 km/h.

Alas transparentes

Sus alas están entrecruzadas por una red de venas que actúan como varillas de refuerzo. Los espacios entre ellas, llamados celdas, son transparentes como el cristal.

Un tallito fija la escama al ala.

Ala iridiscente

Las alas de algunas mariposas, como las de la morfo azul, parecen relucir. Este efecto de iridiscencia lo causan unas muescas diminutas en las escamas.

Las escamas son de quitina, que también forma el esqueleto de los insectos.

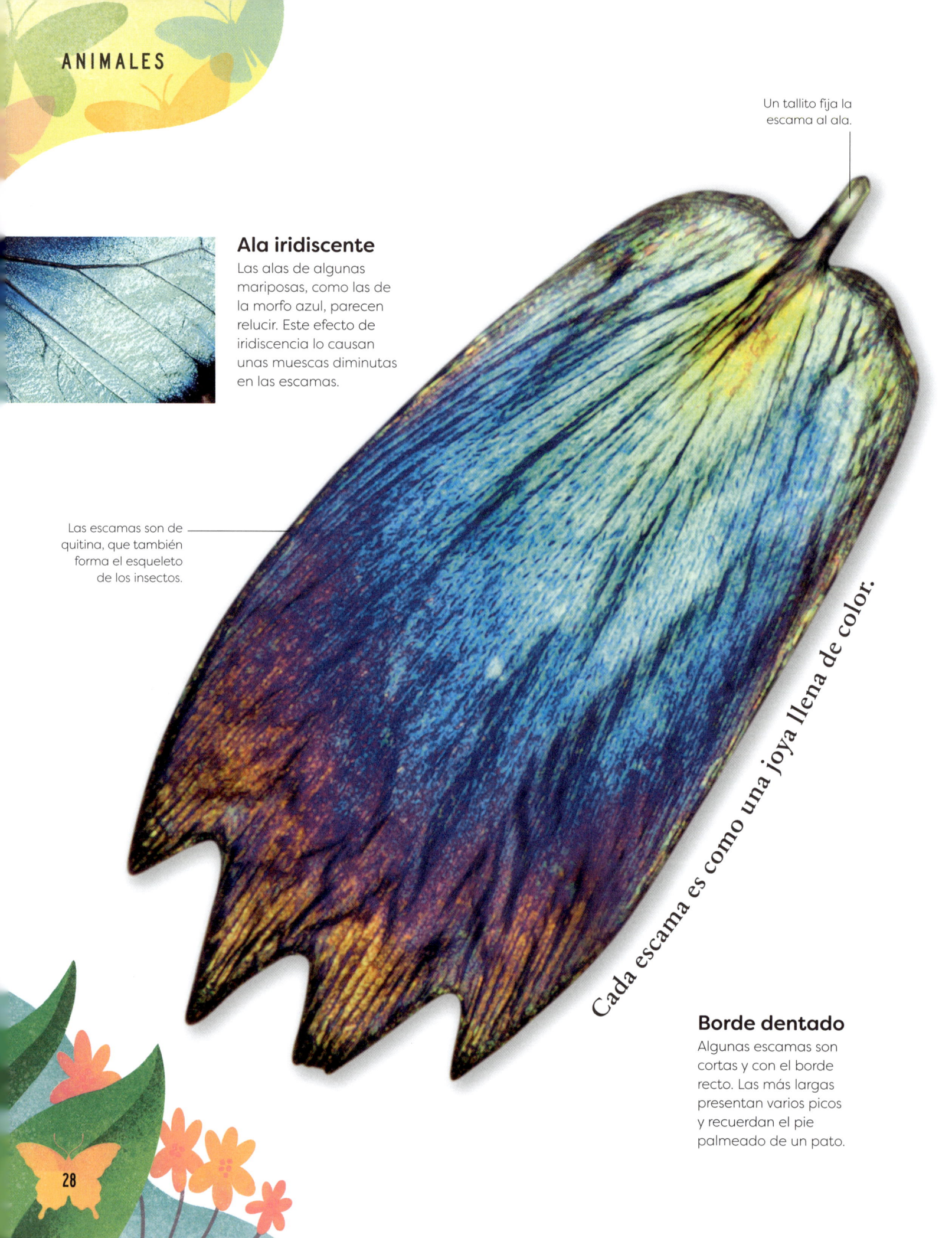

Cada escama es como una joya llena de color.

Borde dentado

Algunas escamas son cortas y con el borde recto. Las más largas presentan varios picos y recuerdan el pie palmeado de un pato.

Escama de mariposa

Sus alas son como un *collage* formado por filas y filas de escamas diminutas.

El ala de una mariposa es algo extraordinario. Es resistente pero flexible, y en su interior hay sensores que detectan la luz y la temperatura. Cuenta incluso con un pequeño corazón que bombea la sangre por todo el cuerpo de la mariposa. La superficie del ala también es increíble. Está formada por miles de escamas, que son demasiado pequeñas para que las veamos a simple vista. Las escamas no miden más de 0,1 mm de largo, más o menos como el grosor de un pelo humano. Pueden ser de muchos colores y, al igual que los píxeles en una pantalla, al juntarse crean estampados complejos.

Las alas del macho de la mariposa cometa oriental tienen un diseño brillante y atrevido para atraer a las hembras. Las de otras mariposas, en cambio, les permiten camuflarse entre las hojas y la corteza. Si una mariposa es atacada por un pájaro o queda atrapada en una telaraña, puede desprenderse de las escamas. Las pierde, pero logra escapar.

Mariposa cometa oriental
(*Papilio glaucus*)
Esta mariposa revolotea por los prados y jardines repletos de flores en la mitad oriental de Norteamérica.

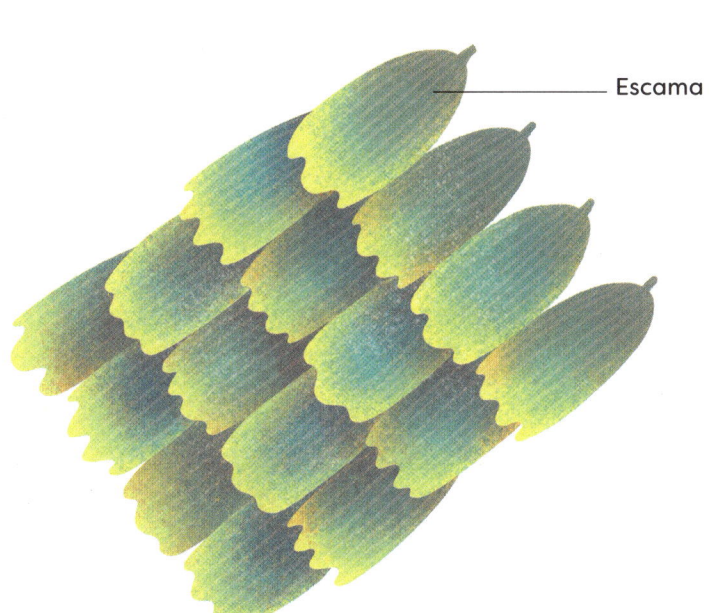

Escama

Escamas superpuestas

Sus escamas son finas y planas. Forman filas ordenadas de un lado al otro del ala. Cada fila se superpone a la siguiente, como las tejas en un tejado. En la base de cada escama hay un tallito que la fija al ala.

Proceso de muda

Primero la serpiente restriega la cabeza por una superficie áspera. Cuando la piel de la cabeza se rasga, se retuerce para agrandar el desgarro y luego se desliza fuera de la piel.

Pigmentación

Los hermosos colores de su piel se deben a distintos pigmentos; uno es la melanina, también presente en la piel humana.

Piel mudada

Piel vieja

Piel nueva

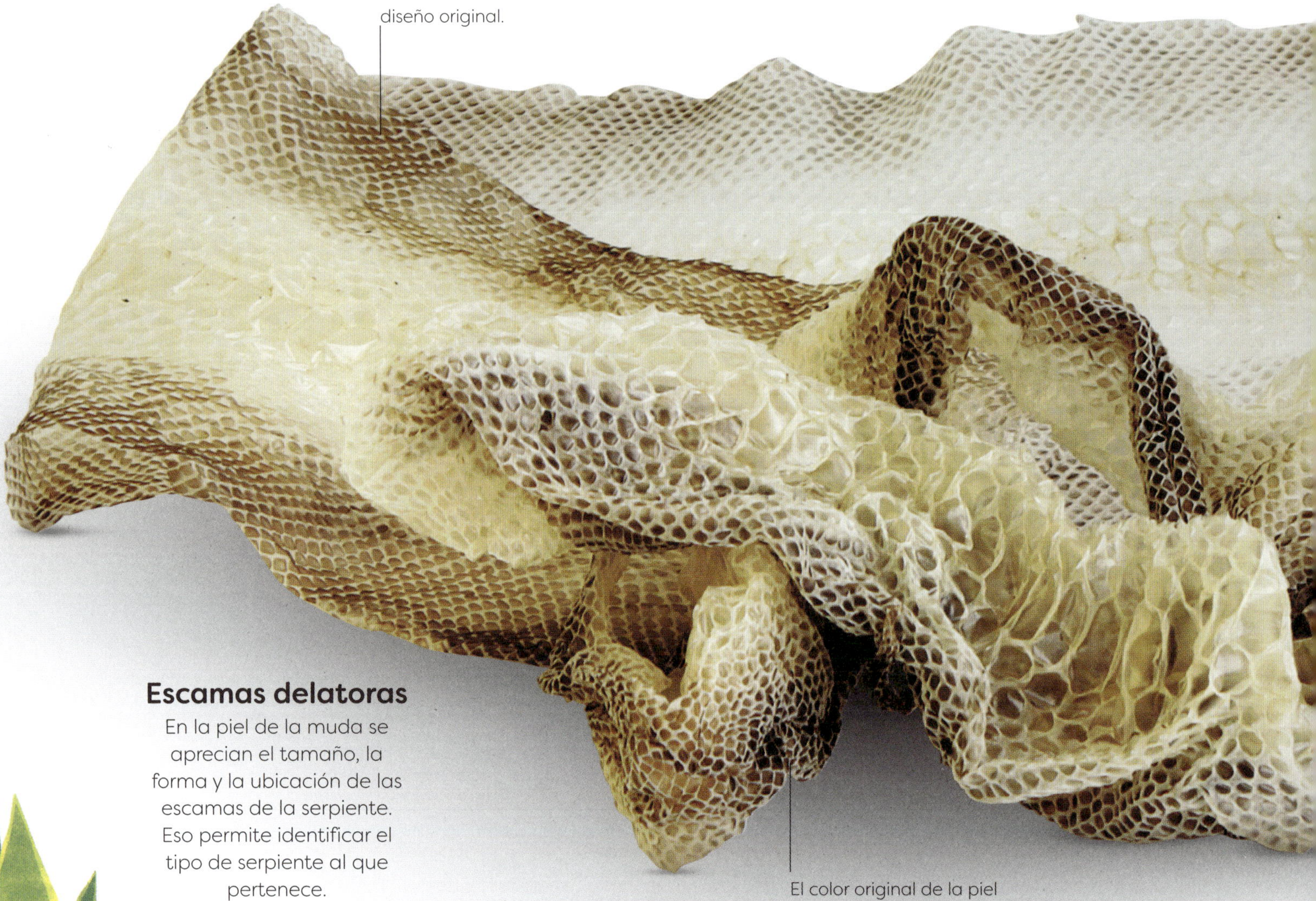

Todavía pueden verse restos del diseño original.

Escamas delatoras

En la piel de la muda se aprecian el tamaño, la forma y la ubicación de las escamas de la serpiente. Eso permite identificar el tipo de serpiente al que pertenece.

El color original de la piel desaparece rápidamente.

Muda de serpiente

Entre una y cuatro veces al año, las serpientes se deslizan fuera de su piel dejando a la vista la nueva que les ha crecido debajo.

Quizá no lo sepas, pero las personas mudamos constantemente de piel. ¡Perdemos de media casi un millón de células cutáneas al día! Son rápidamente reemplazadas, ya que nuestra piel no deja de regenerarse. Pero muchos animales, como las serpientes y los lagartos, cambian la piel de golpe. Con el tiempo, la piel de una serpiente se deteriora y se desgasta. Tiene que reemplazarla, igual que nosotros sustituimos la ropa desgastada. Su piel es elástica, pero las crías que no paran de crecer deben cambiarla más a menudo. Al mudar la piel, los parásitos que viven en ella desaparecen, ya que se quedan en la piel vieja.

Si la muda es perfecta, puede apreciarse el contorno de la serpiente. Incluso se ve dónde tenía los ojos. Eso es porque tienen una única escama transparente sobre cada ojo, que se desprende con el resto de la piel. No hay ni rastro de las orejas, porque las tiene ocultas en la cabeza. La piel de la serpiente no es viscosa, sino lisa y seca.

Las escamas están distribuidas en filas largas y ordenadas.

Pitón real
(*Python regius*)
Vive en África occidental y central. También se la conoce como pitón bola, pues si la atacan se enrolla en una bola.

31

Algunas alpacas tienen el pelo multicolor.

Muchos colores

La lana de alpaca puede ser de 22 colores distintos, desde negro hasta plateado pasando por varios tonos de marrón.

El pelo de la alpaca no es grasiento, como la lana de oveja.

El pelo sedoso y liso de la alpaca es muy suave.

Pelaje lanoso

Los ganaderos crían muchos animales por su pelo lanoso, entre ellos las alpacas. Les cortan el pelo y lo convierten en hilo para confeccionar prendas de abrigo.

Lana de alpaca

Buenos mechones de pelo suave y rizado son lo que la alpaca necesita para estar calentita y a gusto.

La lana son los vellones gruesos formados por muchos pelos rizados. Además de las alpacas, también tienen una capa de lana cálida otros animales, como las ovejas, las cabras y los yaks. Todos ellos forman parte de un grupo mucho más grande, el de los mamíferos. El pelo es una de las características principales de los mamíferos. Incluso los mamíferos marinos de cuerpo liso, como la ballena y el delfín, tienen algunos pelos gruesos e hirsutos en el interior de los orificios nasales.

Los pelos nacen de una raíz ubicada en la piel. Los pelos humanos tardan alrededor de un mes en crecer solo 1 cm. El pelo en sí no está vivo. Está formado por una proteína flexible e impermeable llamada queratina. La principal función del pelo es mantener el cuerpo caliente y seco, pero también sirve para otras cosas. Los erizos y los puercoespines tienen unos pelos gruesos y puntiagudos, espinas afiladas que usan para defenderse. Los bigotes de los gatos son pelos sensibles al tacto que funcionan como antenas. Tus pestañas atrapan el polvo y la suciedad para que no se te metan en los ojos.

Alpaca
(*Vicugna pacos*)
La alpaca es un pariente del camello, pero no tiene joroba. Vive en la fría y ventosa cordillera de los Andes, en Sudamérica.

Piel   Aire caliente   Pelo

Estar a gusto
A los mamíferos les gusta estar calentitos, más calientes que el aire que les rodea. La capa de pelo les ayuda porque atrapa una capa de aire caliente cerca de la piel. En el caso de muchos animales, la capa de pelo aumenta de grosor en las épocas más frías del año.

33

Escama de pez

Gracias a su cuerpo cubierto de escamas, los peces se mantienen sanos y a salvo, y pueden nadar de forma más eficaz.

¿Por qué no tienen un revestimiento de una sola pieza, parecido a los trajes de neopreno que usan los buzos? Es una pregunta interesante, pero las escamas tienen muchas ventajas. Son delgadas, por lo que no pesan mucho, y son duras, por lo que protegen al pez. Además, pueden moverse ligeramente, así que el animal es más flexible y puede cambiar de posición en el agua más rápidamente. Muchas escamas presentan estrías o surcos, lo que mejora el flujo del agua por ellas. Así pues, gracias a las escamas pueden deslizarse por el agua más fácilmente que si tuvieran una única capa exterior.

Otra ventaja es que pueden reemplazarse. Si el pez sufre un ataque, puede desprenderse de algunas escamas para deslumbrar al depredador y escapar. Algunos peces cubren sus escamas con limo para ahuyentar a los parásitos. A veces, el limo contiene toxinas mortales. El de los tetraodóntidos puede matar a varias personas.

Maragota
(Labrus bergylta)

Este pez de vivos colores vive sobre todo en las costas rocosas de Europa, desde el sur de Escandinavia hasta Francia. Las crías son verdosas, lo que les ayuda a ocultarse de los depredadores.

Piel aerodinámica

En la mayoría de los peces, las escamas se superponen ligeramente, creando una superficie lisa. Solo están sujetas por el borde frontal. Así, el pez las puede levantar para poder moverse más fácilmente.

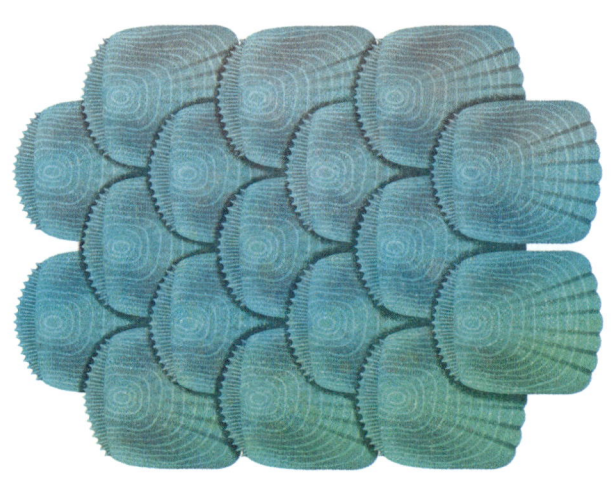

Parte delantera →

Escamas de tiburón

Las escamas de tiburón, como estas de alitán, presentan una estructura distinta a la de otros peces. Se parecen más a diminutos dientes puntiagudos.

Bajo otras escamas se oculta un abanico de estrías y surcos.

Si una escama se desprende, en pocas semanas le crece de nuevo.

La maragota adulta está cubierta de manchas. Esta escama presenta un punto grande.

Estampado útil

Muchos peces, como los lábridos, presentan bellos estampados, que les sirven para exhibirse u ocultarse. Solo la parte visible de la escama es de color.

Las escamas son delgadas y planas, pero no están sujetas a la piel.

35

Los expertos en valvas se llaman conquiliólogos.

Los surcos hacen que sea muy fuerte.

Las líneas delgadas de la valva muestran lo que ha crecido.

La parte superior es más plana que la inferior, más curvada.

Desplazamiento

Las vieiras se desplazan abriendo y cerrando las valvas una y otra vez. Al hacerlo, pequeños chorros de agua salen por los agujeros de la charnela, que las propulsan.

Las valvas se unen mediante la charnela.

Suave por dentro

Las valvas de la vieira son ásperas por fuera, pero muy suaves por dentro. El interior brillante evita que su cuerpo blando pueda dañarse.

Valva de vieira

La valva de la vieira parece un pequeño abanico, pero es una armadura y un artefacto para desplazarse.

Dura y áspera por fuera, pero suave y delicada por dentro, la vieira es un hermoso ejemplo de molusco bivalvo. Los moluscos son un enorme grupo de animales que tienen un cuerpo blando. Incluye a caracoles, pulpos y bivalvos. Los caracoles viven dentro de su caparazón. Los pulpos no tienen caparazón. Los bivalvos, como las vieiras, las ostras y las almejas, tienen un par de valvas unidas con una articulación o charnela. Todos los caparazones de molusco están hechos de carbonato de calcio blanco tiza, pero muchos presentan diseños de vivos colores. A medida que la vieira crece, va añadiendo nuevas capas para que su cuerpo esté siempre protegido.

Muchos moluscos son animales marinos. Las vieiras reposan en el lecho arenoso. Como la mayoría de los bivalvos, no cazan. Si tienen hambre, abren las valvas y filtran restos de comida del agua. Si baja la marea, cierran las valvas con agua dentro para mantenerse húmedas y frescas hasta que el mar vuelva a cubrirlas.

Vieira roja
(*Pecten fumatus*)
Esta vieira vive cerca de Australia. Con los tentáculos, que sobresalen de la valva, busca comida.

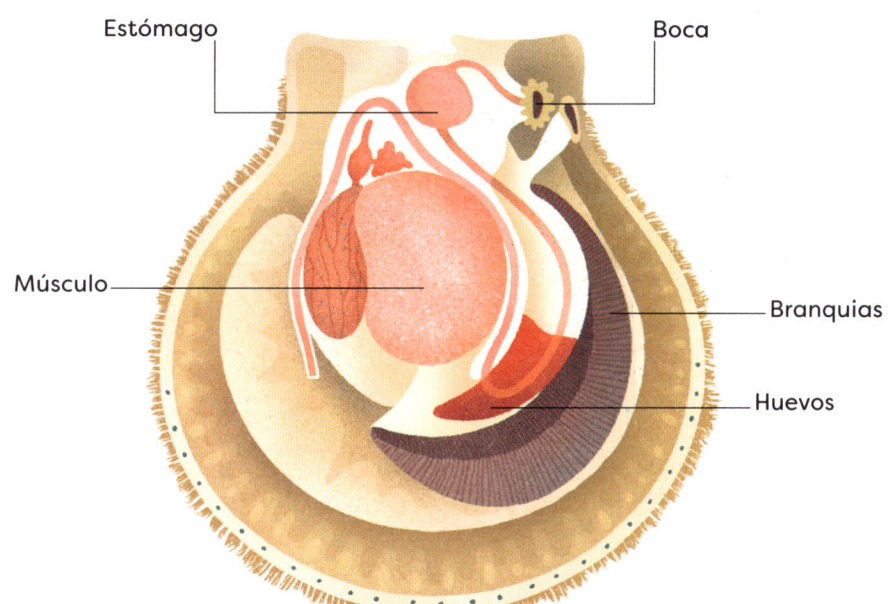

Estómago

Boca

Músculo

Branquias

Huevos

Interior de la vieira

La parte central de su cuerpo blando es un fuerte músculo que mantiene las valvas cerradas. El resto del cuerpo se reparte a su alrededor. La boca y el estómago están cerca de la charnela. Obtiene oxígeno del agua a través de las branquias.

Caparazones

Los caparazones cobijan y protegen al animal que vive dentro. Muchos invertebrados los producen, especialmente los moluscos como los gasterópodos, los bivalvos y los cefalópodos. Los caparazones vacíos se han utilizado como joyas y como moneda.

Cañadilla

Estos caracoles marinos mediterráneos tienen un caparazón con una larga cola puntiaguda. Antiguamente se hervían sus caracolas para preparar un tinte morado, que se usaba para las prendas de gobernantes y jueces.

Nautilo de cámara

El hermoso caparazón de este cefalópodo tiene brillo nacarado. En su interior hay cámaras en espiral que se llenan de agua o gas según si el animal quiere subir o bajar, como un submarino.

Mejillón verde asiático

Los mejillones verdes viven en el litoral rocoso, en grupos llamados camas de mejillones. Al quedar sumergidos, se abren para filtrar el alimento del agua. Su valva es completamente lisa y blanca por dentro.

Caracol común de jardín

Su caparazón no deja de crecer: cuanto más grande es, más viejo es el caracol. Casi todas forman la espiral hacia la derecha, pero algunos lo hacen hacia la izquierda.

Caracol de pie rojo

Muchos caracoles marinos, como las caracolas, tienen hermosos caparazones en espiral. Las caracolas se alimentan de gusanos y otros caracoles.

Argonauta argo

Es un tipo de pulpo. Este objeto asombroso es un criadero que producen las hembras. No es un caparazón, sino un receptáculo fino como el papel para mantener los huevos a salvo.

Los anillos de crecimiento muestran lo que ha crecido la valva.

Navaja rugosa

Las navajas, también llamadas longueirón, son bivalvos. Tienen una charnela a lo largo de un lateral y viven enterradas en la arena. Tras una tormenta, muchas acaban vacías sobre la arena de la playa.

Peine de Venus

Algunos caracoles de mar de la familia murex tienen unas espinas espectaculares. Lo protegen, haciendo de él una presa imposible para los depredadores, y evitan que se hundan en el lecho marino.

Pueden tener decenas de espinas afiladas.

Tipos de caparazones

Hay tres grupos básicos de moluscos con caparazón. Los bivalvos, como el mejillón y la almeja, que tienen dos valvas unidas por una charnela. Los gasterópodos, como el caracol, que tienen una caracola en espiral o retorcida. Y los cefalópodos, como el calamar, el pulpo y el nautilo, que pueden tener un caparazón externo o uno interno oculto.

Bivalvo

Gasterópodo

Cefalópodo

Caparazón gigante

El caparazón más grande del mundo es el de la almeja gigante, que puede llegar a medir como una cama de matrimonio de ancho, a pesar más de 200 kg y a vivir más de un siglo. Al final, el caparazón crece tanto que no puede cerrarse del todo. Esta almeja obtiene la mayor parte de su alimento de las algas que viven dentro de su cuerpo.

Copa protectora

La superficie del esqueleto de coral está cubierta por centenares de copas protectoras, una para cada pólipo.

Del tronco central salen ramas más finas, como en un árbol.

Los esqueletos de coral parecen abanicos, setas o cornamentas.

Muerto pero rojo

Aunque está muerto, este esqueleto de coral conserva el color rojo, que producen los mismos pigmentos que hay en las zanahorias y las hojas otoñales.

Cuando una nueva colonia empieza a formarse, se fija al lecho marino.

Esqueleto de coral

Los corales son magos que hacen aparecer esqueletos a partir del agua de mar en la que viven.

El coral rojo parece un arbusto con ramas resplandecientes, pero hay cosas que no son lo que parecen. Los corales no son plantas, sino animales. El primero en darse cuenta fue un científico persa llamado Al-Biruni, que vivió hace mil años. Observó que reaccionaban si algo los tocaba. Lo que no sabía era que un coral es un conjunto de animales diminutos que permanecen juntos de forma permanente. Cada uno de ellos se llama pólipo y tiene un cuerpo blando.

Al vivir juntos en una colonia, los pólipos pueden construir un esqueleto grande y fuerte que los protege a todos. Los pólipos toman carbonato cálcico del agua y lo usan para formar una estructura pétrea. De los viejos pólipos surgen otros nuevos que también se ponen a trabajar, así que la estructura sigue creciendo. Cuando muchas colonias de coral viven en el mismo sitio pueden formar un arrecife de coral. ¡Algunos son tan grandes que pueden verse desde el espacio! Cuando un coral muere, lo único que queda es su esqueleto.

Coral rojo
(*Corallium rubrum*)
Este coral de intenso color rojo vive en el mar Mediterráneo, sobre rocas o en cuevas.

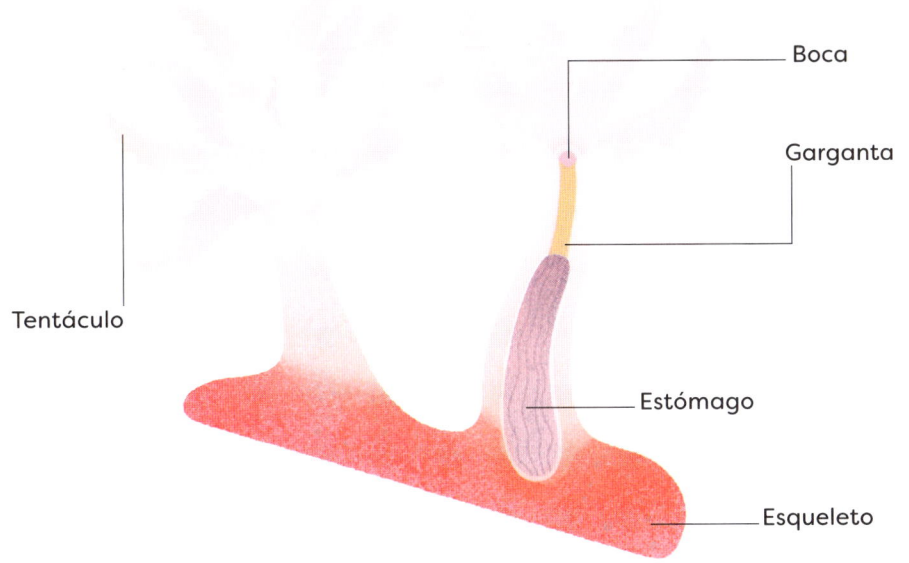

Boca

Garganta

Tentáculo

Estómago

Esqueleto

Pólipo coralino
Los pólipos miden apenas unos milímetros de largo y son poco más que un tubo con boca y estómago. Para alimentarse, saca sus ocho tentáculos con púas, con las que paraliza a las presas. ¡Su boca actúa también como su trasero!

43

Carcasa de cigarra

La carcasa vacía de una ninfa de cigarra es un molde perfecto de la criatura que vivió dentro.

La mayoría de los insectos experimentan una transformación drástica a lo largo de su vida. Muchos pasan por dos fases vitales: la de larva y la de adulto. ¡La larva y el adulto tienen un aspecto tan distinto que cuesta creer que sean la misma especie! Las mariposas experimentan una transformación espectacular, que se produce dentro de una crisálida. Las polillas, las hormigas, las abejas, las moscas y los escarabajos pasan por algo parecido. Pero la mayoría de los insectos experimentan varios cambios más graduales. Es el caso de la cigarra periódica.

La cigarra periódica pasa varios años enterrada en el suelo como una larva blanca sin alas llamada ninfa. Mientras está bajo tierra, muda de piel cinco veces y en cada ocasión sale con el cuerpo ligeramente distinto. Cuando la ninfa está lista, sale a la superficie, trepa a un árbol y muda de piel por sexta y última vez. Sale de su vieja piel de ninfa convertida en adulto. Grandes grupos de ninfas suelen aparecer en la superficie del suelo a la vez. La piel que dejan atrás está seca y cruje, y es un molde perfecto de su cuerpo anterior.

Cigarra periódica
(*Magicicada septendecim*)
Las ninfas de esta cigarra de Norteamérica pasan 17 años bajo tierra y luego salen en primavera para convertirse en adultos.

La carcasa no tiene alas, solo pequeños apéndices.

La piel que se desprende está muerta, pero sigue aferrada como si la ninfa estuviera dentro.

Fuera de la carcasa

Cuando la ninfa ha trepado a un árbol cercano, su piel se raja y la cigarra adulta se desliza fuera. Despliega sus alas nuevas, que tardan un poco en secarse. Al salir, es blanca, pero enseguida se vuelve negra.

Corte limpio

Un corte limpio en el dorso de la carcasa muestra el lugar por el que salió la cigarra. El resto está intacto.

La carcasa vacía es el exoesqueleto que cubría a la ninfa, pelos del cuerpo incluidos.

Millones de cigarras periódicas salen a la vez.

La crisálida se fija a la rama con un tallito.

Buen camuflaje

La crisálida de esta mariposa búho puede confundirse con una hoja muerta. Así se camufla de los depredadores mientras la oruga se transforma.

Esta crisálida lo refleja todo, como si fuera un espejo vivo.

La superficie de la crisálida está hecha de quitina: el material duro que cubre el dorso del escarabajo.

Brillo metálico

Al principio, la crisálida de la alas de tigre es amarilla. Enseguida adquiere un brillo reflectante, pero en pocos días desaparece.

Oruga
5-22 días

Huevo
1-4 días

Crisálida

La oruga forma este capullo protector alrededor de su cuerpo y se transforma en una espectacular mariposa.

En un sendero de la selva algo centellea entre las exuberantes hojas verdes. Tiene el tamaño de una uña de pulgar y reluce como el oro. De repente se mueve. Está muy activo. Es una crisálida, o pupa, y la ha fabricado una oruga para proteger su blando cuerpo mientras se transforma en una mariposa alas de tigre. Todas las mariposas de la Tierra se desarrollan así. Desde fuera, la crisálida parece dormida, pero en su interior la oruga se ha convertido en un caldo de células y está muy ocupada rehaciéndose en forma de mariposa. Durante esta transformación completa, llamada metamorfosis, la crisálida sigue sintiendo y respirando. ¡Algunas incluso pueden gorjear o rechinar! A lo mejor lo hacen para ahuyentar a las aves hambrientas.

Muchas crisálidas tienen otra forma de defenderse: se camuflan como si fueran hojas muertas, ramitas o heces de pájaro. Quizá el brillo también le sirva para camuflarse: la crisálida refleja y se mimetiza con el entorno, volviéndose invisible para los depredadores.

Mariposa alas de tigre
(*Mechanitis polymnia*)
Esta mariposa vive en las selvas tropicales, de México a Brasil. Las mariposas adultas no se parecen en nada a sus orugas.

Crisálida
23-29 días

Metamorfosis mágica
La mariposa alas de tigre tarda unos 30 días en pasar de huevo a mariposa. El día antes de salir de la crisálida, las alas plegadas pueden verse a través del capullo.

Eclosión
30 días

Mariposa

47

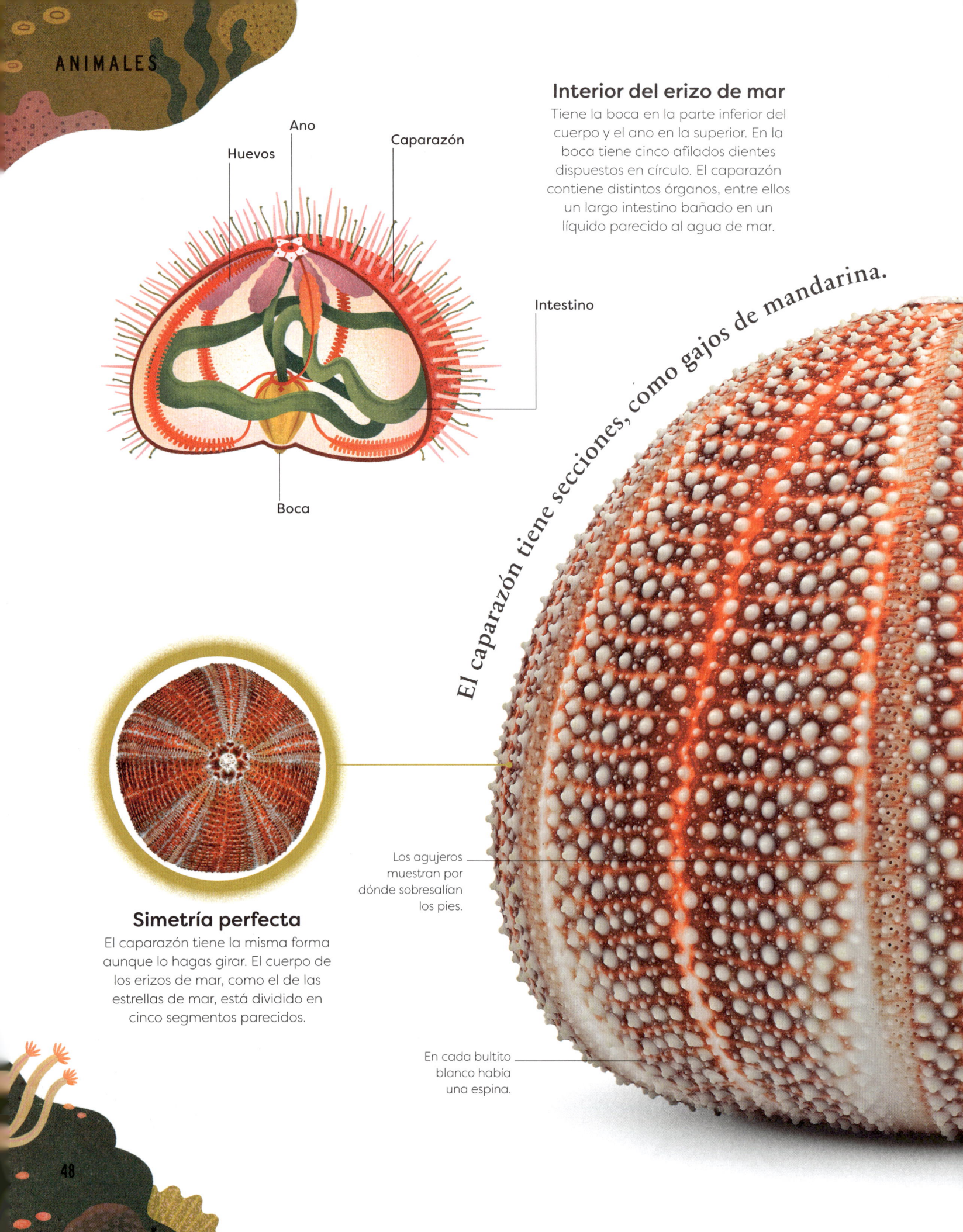

Huevos
Ano
Caparazón

Interior del erizo de mar

Tiene la boca en la parte inferior del cuerpo y el ano en la superior. En la boca tiene cinco afilados dientes dispuestos en círculo. El caparazón contiene distintos órganos, entre ellos un largo intestino bañado en un líquido parecido al agua de mar.

Intestino

Boca

El caparazón tiene secciones, como gajos de mandarina.

Simetría perfecta

El caparazón tiene la misma forma aunque lo hagas girar. El cuerpo de los erizos de mar, como el de las estrellas de mar, está dividido en cinco segmentos parecidos.

Los agujeros muestran por dónde sobresalían los pies.

En cada bultito blanco había una espina.

Erizo de mar

Cuando un erizo de mar se muere, se le caen las espinas y se le pudre el cuerpo; solo queda su delicado esqueleto.

Los erizos de mar habitan la Tierra desde hace unos 540 millones de años. Su caparazón puede acabar en la playa como un frágil tesoro marino. A veces, los caparazones vacíos suenan porque los dientes y las mandíbulas son demasiado grandes para salir por el agujero de la parte inferior, donde estaba la boca. Pueden ser rosados, morados, azulados, negros o verdosos, pero los que llegan a la playa suelen estar descoloridos.

Los erizos de mar se parecen un poco a los terrestres. Su cuerpo está cubierto de largas espinas afiladas, que pueden mover en todas las direcciones para ahuyentar a los depredadores. Algunas especies tienen púas venenosas. Entre las espinas tienen 10 filas de delicados pies con ventosas que usan para desplazarse, incluso boca abajo. Los pies tienen una piel tan fina que el oxígeno puede atravesarla y disponen de sensores para detectar la luz. ¡Eso significa que los erizos de mar respiran y ven con los pies!

Erizo de mar común
(Echinus esculentus)
Su alimento favorito son las algas. Pastan en grupo en el litoral del noroeste de Europa, dejando trozos pelados en el lecho marino.

49

Restos de invertebrados

El 97 por ciento de los animales son invertebrados. Ninguno tiene columna vertebral, o espina dorsal. De hecho, no tienen un solo hueso en el cuerpo. Muchos disponen de un esqueleto externo, o exoesqueleto, y algunos, de un esqueleto interno.

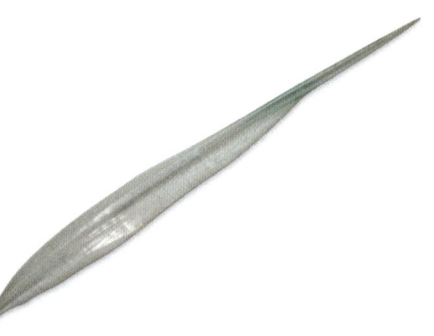

Calamar común

Los calamares son moluscos, como los caracoles. Su caparazón se ha transformado en una estructura plana y estrecha que crece en el interior de su cuerpo a modo de esqueleto.

Galleta de mar

El esqueleto en forma de disco de este erizo marino parece una galleta o una moneda. La flor la crean unos agujeros diminutos, por los que expande sus órganos respiratorios.

Cesta de flores de Venus

Este animal de las profundidades marinas es un tipo de esponja con un esqueleto en forma de tubo con agujeros, por los que succiona el agua y filtra el alimento.

Cangrejo violinista

Los cangrejos son como tanques gracias a su exoesqueleto, que les cubre el cuerpo entero, incluidas las patas y las pinzas. El cangrejo violinista tiene una enorme pinza para exhibirse.

Escarabajo joya

Las partes más duras de su esqueleto se encuentran en los dos élitros, las alas cobertoras rígidas que protegen las alas. En el escarabajo joya brillan y son de colores vivos.

Sepia común

Las sepias disponen de una estructura interna plana que parece una diminuta tabla de surf blanca. Se denomina hueso, aunque no lo es, y a veces es arrastrada hasta la playa.

Artrópodo

Equinodermo

Cefalópodo

¿Dentro o fuera?

Los artrópodos, como los insectos y los cangrejos, tienen una carcasa dura fuera del cuerpo: un exoesqueleto. Los equinodermos, como los erizos de mar, tienen un esqueleto interno. La estructura parecida a un esqueleto de los cefalópodos, como la sepia, es un caparazón interno.

La larga cola le ayuda
a ponerse vertical.

Cangrejo herradura del Atlántico

Esta criatura marina primitiva dispone de un exoesqueleto protector. A pesar de su nombre, está más relacionada con los escorpiones y las arañas que con los cangrejos. Su sangre azul se usa para preparar medicamentos y vacunas.

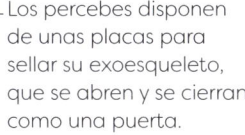

Los percebes disponen
de unas placas para
sellar su exoesqueleto,
que se abren y se cierran
como una puerta.

Percebe de bellota titán

Los percebes se fijan permanentemente a las rocas de la costa con un pegamento natural fuerte como el cemento. Se alimentan por los pies, que sacan por un agujero de su grueso exoesqueleto.

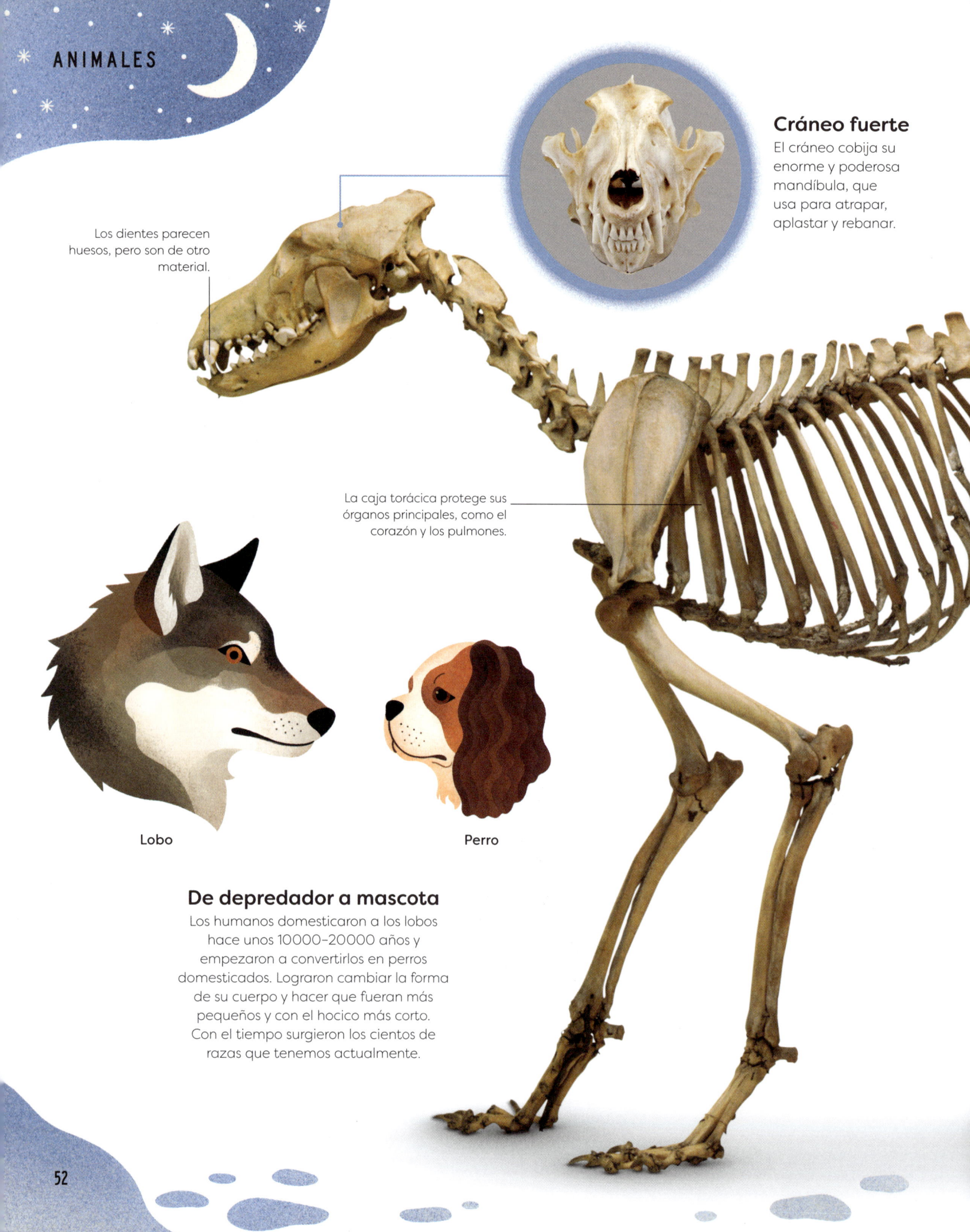

Cráneo fuerte

El cráneo cobija su enorme y poderosa mandíbula, que usa para atrapar, aplastar y rebanar.

Los dientes parecen huesos, pero son de otro material.

La caja torácica protege sus órganos principales, como el corazón y los pulmones.

Lobo

Perro

De depredador a mascota

Los humanos domesticaron a los lobos hace unos 10000–20000 años y empezaron a convertirlos en perros domesticados. Lograron cambiar la forma de su cuerpo y hacer que fueran más pequeños y con el hocico más corto. Con el tiempo surgieron los cientos de razas que tenemos actualmente.

Esqueleto de lobo

Los huesos dan fuerza, velocidad y flexibilidad al lobo gris.

Algunos animales tienen un hermoso esqueleto óseo. Se llaman vertebrados y este grupo incluye a mamíferos como los lobos y también a reptiles, anfibios, aves y peces. El esqueleto los sostiene. ¡Sin él se desplomarían! El hueso es un material complejo formado por muchos componentes. Los principales son una proteína llamada colágeno, que le aporta cierta flexibilidad, y el calcio y el fosfato, dos minerales que le aportan fortaleza. ¡A igual peso, el hueso es más fuerte que el acero!

Observando el esqueleto del lobo gris podemos averiguar muchas cosas sobre cómo vive este animal formidable. Su esqueleto es extremadamente fuerte porque tiene que perseguir y cazar a sus presas. Los largos huesos de sus patas y su columna flexible están diseñados para la velocidad. Sin embargo, faltan los músculos, los tendones y los ligamentos. Los huesos, o grupos de huesos, suelen estar controlados por un par de músculos que tiran de ellos en direcciones opuestas y se encargan de mantenerlos en su sitio.

Las articulaciones se encargan de mover y flexionar.

Lobo gris
(*Canis lupus*)
Vive en el hemisferio norte. Caza en manadas, por lo que se atreve con presas como renos y bisontes.

53

Estructura del hueso

La parte externa del hueso es una capa dura y lisa llamada hueso compacto. Debajo hay uno de los dos tipos de médula ósea. En todos los vertebrados excepto en los peces, la médula ósea amarilla es sobre todo grasa y la médula ósea roja es donde se crean las células sanguíneas.

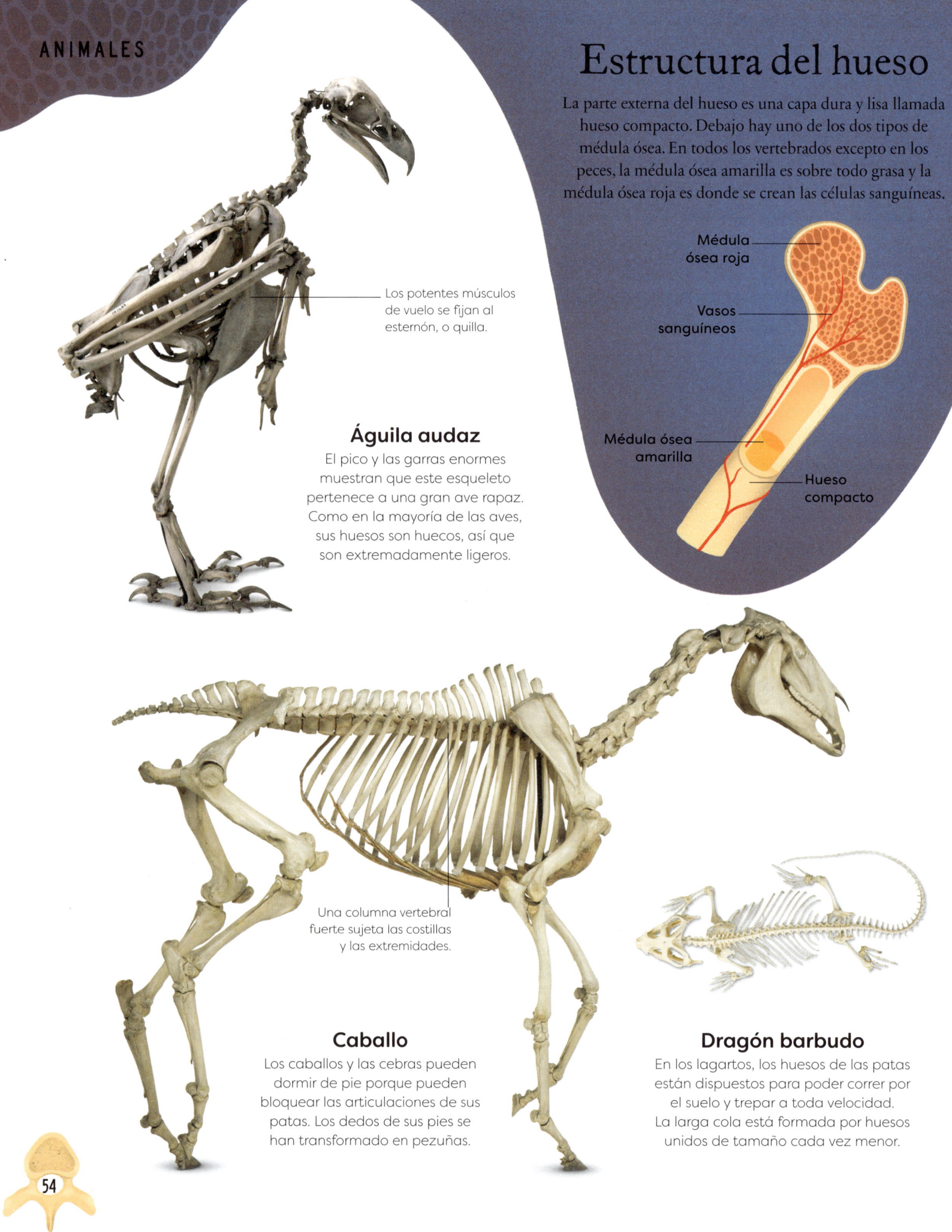

Médula ósea roja

Vasos sanguíneos

Médula ósea amarilla

Hueso compacto

Águila audaz

El pico y las garras enormes muestran que este esqueleto pertenece a una gran ave rapaz. Como en la mayoría de las aves, sus huesos son huecos, así que son extremadamente ligeros.

Los potentes músculos de vuelo se fijan al esternón, o quilla.

Una columna vertebral fuerte sujeta las costillas y las extremidades.

Caballo

Los caballos y las cebras pueden dormir de pie porque pueden bloquear las articulaciones de sus patas. Los dedos de sus pies se han transformado en pezuñas.

Dragón barbudo

En los lagartos, los huesos de las patas están dispuestos para poder correr por el suelo y trepar a toda velocidad. La larga cola está formada por huesos unidos de tamaño cada vez menor.

Esqueletos

En los vertebrados los huesos están muy vivos y actúan a modo de armazón. Muchos animales tienen los mismos grupos de huesos, aunque con distintas formas. Por ejemplo, los brazos humanos, las patas delanteras de un caballo, las aletas de una foca y las alas de un águila tienen rasgos comunes.

Tortuga radiada

Su caparazón combado está formado por placas óseas cubiertas de queratina. Su columna y sus costillas están unidas al caparazón. Su abdomen está protegido por placas óseas, llamadas plastrón.

Rana toro

Tiene unas patas traseras gigantes para poder saltar y provistas de unas articulaciones que le permiten doblarlas. Las patas están conectadas a un hueso ilíaco enorme y a fuertes músculos.

Pingüino de las Galápagos

Los huesos de sus brazos se han vuelto más largos y planos, transformando sus alas en aletas. Son más pesadas y sólidas que las de un ave voladora, para poder nadar más rápido y a más profundidad.

Foca común

Sus extremidades tienen tres articulaciones: un hombro o cadera, un codo o rodilla y una muñeca o tobillo. La mayoría de los mamíferos tienen una configuración parecida, vivan donde vivan.

Sargo chopa

Los peces óseos, como el sargo chopa de Norteamérica, tienen una espina dorsal larga y flexible en el centro del cuerpo. De ella salen largas espinas que sostienen las aletas.

Las astas parecen armas, pero en realidad son para exhibirse.

Prueba de fuerza

Los machos berrean y se pavonean para impresionar a las hembras. Y chocan las astas para ver cuál es el más fuerte.

Ha pulido los extremos de las astas frotándolas contra los árboles y el suelo.

Forma curva

Las astas se curvan de modo que las puntas no suelen causar heridas durante las luchas.

Los machos más viejos tienen astas con más puntas, que se llaman candiles.

Las astas salen directamente del cráneo.

Astas

Todos los años, a muchas especies de ciervo les crecen un par de espectaculares extensiones óseas en el cráneo.

En primavera, si tienes mucha suerte, puedes encontrar un asta recién desechada mientras paseas por el bosque. El macho del ciervo común pierde las astas entre marzo y mayo, y luego le salen otras nuevas. A las hembras no les salen. Solo hay una especie, la del reno, en la que tanto los machos como las hembras tienen astas, aunque las de las hembras son menos espectaculares. Los machos usan sus astas para demostrar lo fuertes que son.

Las astas de ciervo son de hueso sólido, no como los cuernos de las ovejas, las cabras y los antílopes, que tienen el centro óseo y una capa externa de queratina, la sustancia de la que están hechas nuestras uñas. Otra diferencia es que los cuernos son permanentes y siguen creciendo durante toda la vida de su propietario, mientras que las astas caen y salen todos los años. Cada nueva pareja de astas es mejor que la anterior, con ramificaciones más largas y más bifurcaciones. Los machos más viejos pueden acabar llevando 15 kg de astas en la cabeza, con una docena o más de puntas afiladas en cada una.

Ciervo común
(*Cervus elaphus*)
El ciervo común vaga por los bosques y las montañas de Europa y el oeste de Asia. Otra especie parecida, el alce, vive en Norteamérica.

Borra

Hueso

Tocado peludo

Las astas le salen durante el verano. Crecen muy rápido y están cubiertas de una piel grisácea y velluda llamada borra, que lleva la sangre al hueso nuevo. En otoño, las astas ya están completamente formadas y los machos las restriegan contra los árboles para eliminar la borra.

Pico de calamar

Los calamares tienen piezas bucales propias de un pájaro capaces de atravesar el acero.

Los calamares son bastante especiales. Estos cazadores marinos son muy inteligentes y se desplazan veloces en grupo. Se comunican mediante los colores de su piel y sus enormes ojos se parecen mucho a los nuestros. Cuentan con dos tentáculos y ocho brazos para atrapar a sus presas. Entre ellos se oculta el pico letal. Es afilado como un cuchillo de cocina y lo mueven fuertes músculos, así que puede desmenuzar peces y cangrejos a gran velocidad. Lo más curioso es lo mucho que se parece al pico de un loro. Los loros y los calamares tienen muy pocas cosas en común y viven en lugares completamente distintos, como el bosque y el mar, pero sus picos tienen una forma parecida. El pico del loro, sin embargo, es de hueso y queratina, el material de nuestras uñas, mientras que el del calamar contiene quitina, la sustancia de la que están hechos los esqueletos de los insectos. A las ballenas y los delfines les encantan los calamares, pero les cuesta digerir el pico, así que a veces tienen el vientre lleno de estos.

Calamar de aleta larga

(*Loligo forbesii*)

Este calamar pardo rosáceo se encuentra en el océano Atlántico y frente a la costa septentrional de África. Descansa durante el día y caza por la noche.

Interior del calamar

La parte principal de su cuerpo blando se llama manto. Contiene los órganos internos y lo sustenta un caparazón interno, la pluma. Con los dos largos tentáculos atrapa a las presas y con los ocho brazos lleva el alimento hasta el pico y la boca.

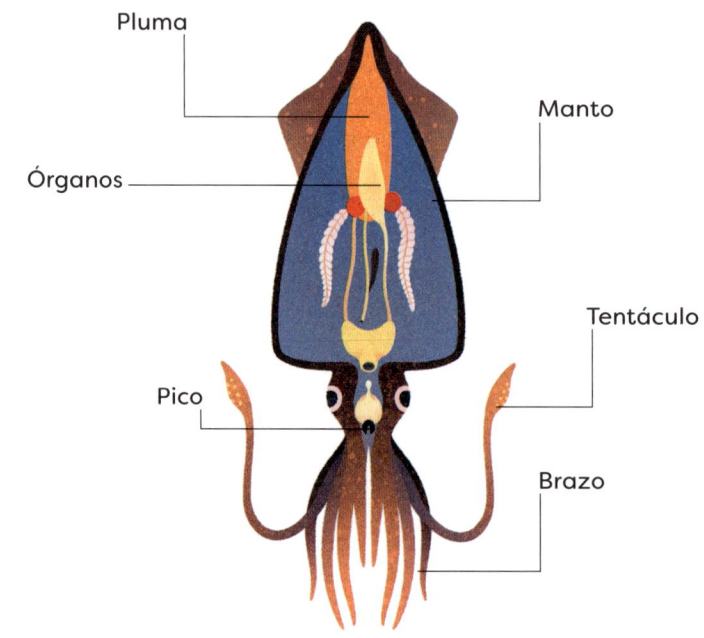

Pluma

Manto

Órganos

Tentáculo

Pico

Brazo

Corte de tijera

El pico tiene mandíbulas, que se deslizan como las cuchillas de unas tijeras.

Las dos mandíbulas se entrelazan y terminan en punta.

La punta del pico es la parte más oscura.

La parte posterior del pico es más flexible y está unida al cuerpo.

El pico del calamar es uno de los más duros del reino animal.

Largas raíces anclan los dientes a sus mandíbulas.

Hacia delante

Dentro de la boca del elefante los nuevos molares, situados detrás de los molares en funcionamiento, se desplazan hacia delante.

Los surcos de la parte superior de sus dientes ayudan a triturar la dura vegetación.

La mayor parte del diente está oculto debajo de la encía del elefante.

En estado salvaje, los elefantes no suelen tener caries.

Dientes duros

El molar está compuesto básicamente de dentina, un material más duro y denso que el hueso. Está cubierto por una capa de esmalte, todavía más duro.

Diente de elefante

Un molar de elefante puede triturar la corteza y las ramas como si nada.

Todo lo que tiene que ver con los elefantes es enorme, incluso su apetito. Un elefante asiático adulto puede zamparse tranquilamente 150 kg de plantas al día: ¡es lo que pesan unos 1250 plátanos! Estos herbívoros se pasan unas 16 horas al día comiendo y su dieta incluye muchos alimentos duros, como bambú, corteza, raíces y ramas. Así pues, sus dientes tienen que ser extremadamente resistentes.

Los elefantes poseen solo dos tipos de dientes. Pueden crecerles un par de incisivos espectaculares, los colmillos de marfil, y disponen de anchos molares en el interior de cada carrillo. Cada molar puede pesar 2 kg y parece un pedazo de hormigón. Son los que trituran y machacan la comida y probablemente son los dientes más resistentes del reino animal. Solo usa cuatro molares a la vez, uno a cada lado de la mandíbula superior y de la inferior. Cuando estos imponentes molares llegan al final de su vida útil, se rompen y se caen, pero hay otros molares esperando para reemplazarlos.

Elefante asiático
(*Elephas maximus*)
Estos elefantes viven en Asia meridional. Son un poco más pequeños que sus parientes africanos y, a diferencia de ellos, tan solo los machos tienen colmillos.

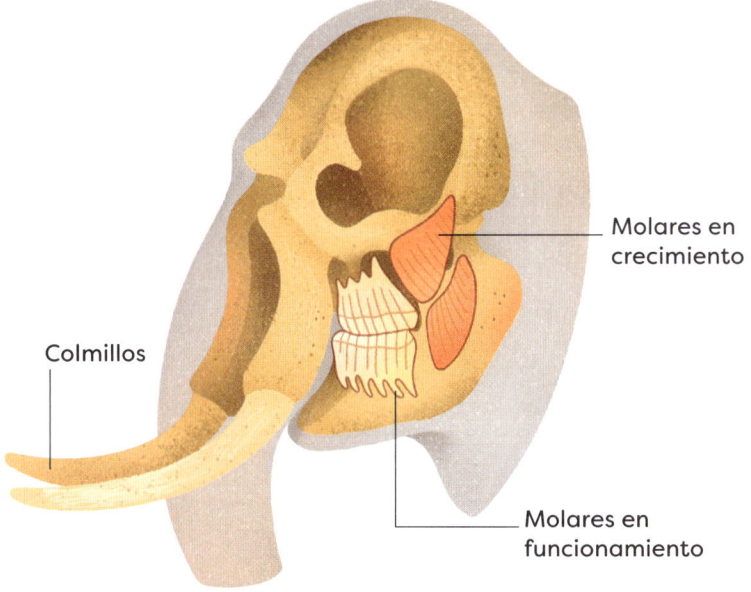

Colmillos

Molares en crecimiento

Molares en funcionamiento

Viejos por nuevos
A nosotros nos salen dos tandas de dientes, pero los elefantes cambian de molares cinco veces. Los nuevos siempre son más grandes que los anteriores. Los nuevos molares se desarrollan detrás y cuando hacen falta se desplazan hacia delante.

Dientes

Los dientes de la mayoría de los vertebrados están hechos de los mismos materiales, pero varían mucho en forma y tamaño. ¡Algunos incluso se han transformado en temibles colmillos! Los dientes y los cráneos nos dicen mucho sobre el estilo de vida y la dieta de sus dueños.

Castor europeo

Tiene unos incisivos tipo cincel para roer la madera. No dejan de crecerles, pero se desgastan con el uso. Sus dientes son naranjas por el hierro que refuerza su esmalte.

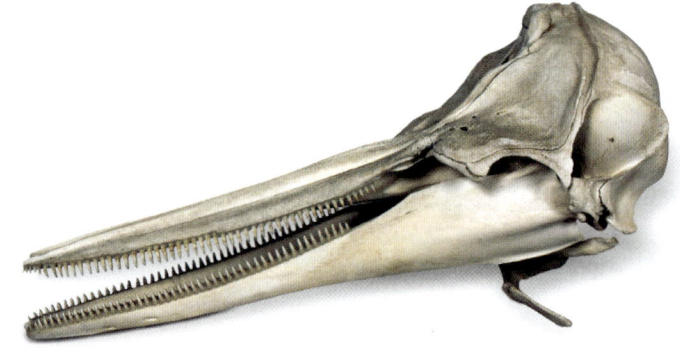

Delfín común

Los largos huesos de su mandíbula albergan muchos dientes iguales. Con ellos atrapan a los peces, pero no los usan para masticar, ya que se tragan a las presas enteras.

Caballo

Hay un hueco entre los grandes incisivos delanteros y las filas de molares de atrás, que les facilita la masticación de las plantas. Les pasa lo mismo a otros muchos herbívoros.

Tigre

Tiene dos pares de caninos gigantes y curvados. Tiene unos de los caninos más grandes de entre todos los grandes felinos, de hasta 7 cm de largo.

Tipos de dientes

Los carnívoros, que se alimentan básicamente de carne, tienen pequeños incisivos, largos y afilados caninos, y molares con el borde cortante. Los herbívoros, que se alimentan sobre todo de plantas, tienen incisivos grandes y fuertes, muchos molares anchos y estriados, y no tienen caninos o los tienen pequeños.

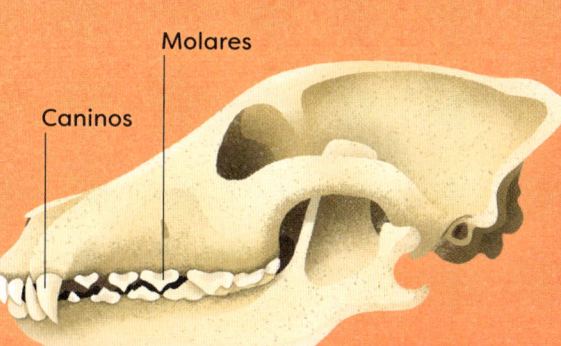

Molares
Caninos
Incisivos

Dientes de carnívoro

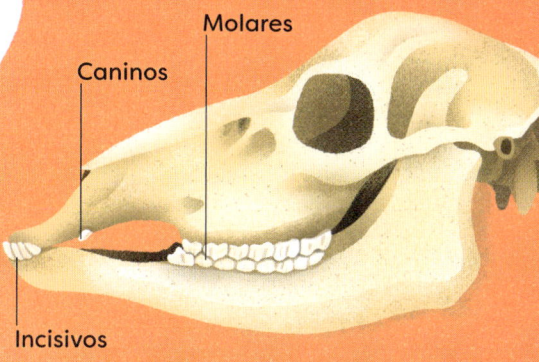

Molares
Caninos
Incisivos

Dientes de herbívoro

Cerdo hormiguero

Atrapa las hormigas y las termitas con la lengua, y de adulto solo tiene dientes molares. Son unos dientes muy raros que no tienen raíz ni esmalte, y se desgastan y reemplazan continuamente.

Narval

El macho tiene un colmillo que puede medir el doble de largo que un taco de billar. Es un canino superior retorcido, que posiblemente usa para percibir cambios en el entorno.

Cocodrilo del Nilo

Sus largas mandíbulas están repletas de dientes puntiagudos, perfectos para atrapar a sus presas. Los dientes superiores e inferiores encajan entre sí.

Mamba común

Sus dientes apuntan hacia atrás y son afilados como agujas. Las serpientes venenosas como esta cuentan con largos colmillos delanteros, con ranuras por las que sale el veneno.

Dientes de tiburón

Los tiburones, como este tiburón toro, reemplazan continuamente sus dientes, que están dispuestos en filas y no tienen raíz. Cuando un diente delantero cae, uno de la fila de detrás se desplaza lentamente y ocupa su lugar. Algunos tiburones acaban teniendo más de 30 000 dientes a lo largo de su vida.

La ballena gris tiene las láminas de las barbas amarillentas. El color varía en otras especies.

Ballena gris
(*Eschrichtius robustus*)

La mayoría se encuentran cerca de las costas septentrionales del Pacífico. En verano se alimentan en el Ártico y en invierno se dirigen al sur, donde hace más calor, para reproducirse.

La parte superior de las láminas está fijada a su mandíbula superior.

Las puntas gastadas de las láminas se llaman pelos de barba.

Hora de comer

La ballena gris come sobre todo anfípodos, que son criaturas parecidas a las gambas. La ballena remueve el lecho marino y abre la boca para engullirlos.

Barbas

Algunas ballenas tienen la mandíbula llena de barbas hirsutas para atrapar a sus presas.

La forma más fácil de pescar algo en el agua es usando una malla o una red. Así es justamente como se alimentan algunas de las ballenas más grandes. En vez de dientes, tienen barbas. Les cuelgan de la mandíbula superior en forma de láminas paralelas. Si pudieras tocarlas, te parecerían las cerdas de un cepillo. Las barbas son de queratina, una proteína frecuente en el reino animal que se encuentra en las pezuñas y las plumas, y también en el pelo humano. Gracias a las barbas, la ballena gris filtra y se zampa más de 1000 kg de comida al día. ¡El equivalente a una jirafa adulta!

Por desgracia, en el pasado, flotas de barcos balleneros las cazaban por su grasa, su carne y sus barbas. Con estas últimas se fabricaban muchos productos, como peines, corsés (una prenda interior femenina) y la parte plegable de los paraguas. Pero a principios del siglo XX se empezó a usar otro material, el plástico. Eso llevó al descenso de la caza de ballenas, que acabó prohibiéndose en 1986.

Láminas paralelas

Las barbas están formadas por láminas. La ballena gris tiene 260-360 láminas, del tamaño de un folio.

Comer por filtración

Para alimentarse, la ballena barbada toma un gran trago de agua marina, junto con las criaturas diminutas que hay en ella. Luego cierra la boca y con la lengua hace que el agua vuelva a salir a través de las barbas, de forma que solo queda la comida, que se traga entonces.

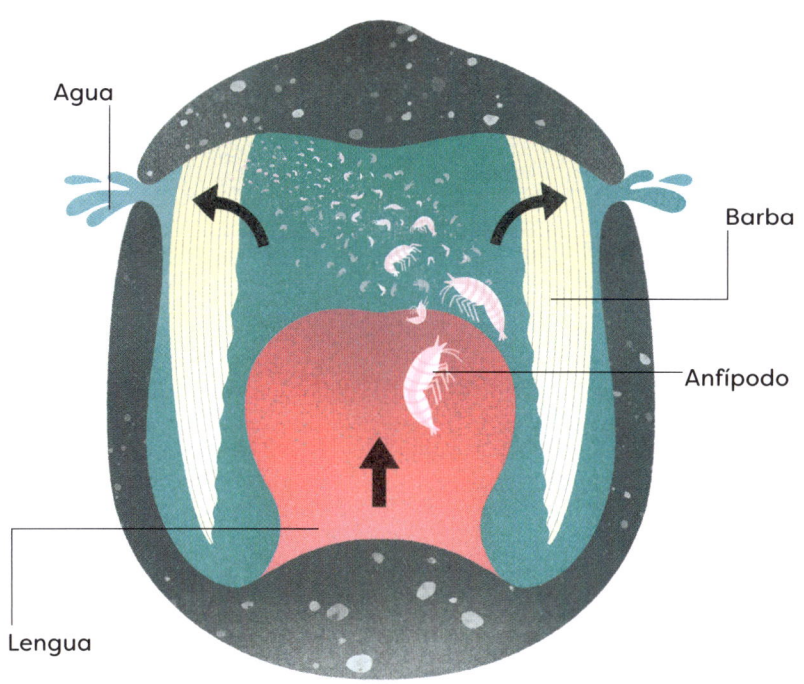

Agua

Barba

Anfípodo

Lengua

¿A o B?

Hay dos tipos de queratina: alfa (A) y beta (B). El tipo A está presente en los mamíferos, mientras que el tipo B se encuentra en aves y reptiles.

Mamíferos

Reptiles

Púa de puercoespín crestado

Si se siente amenazado, el puercoespín levanta las largas púas afiladas, un tipo especial de pelo rígido compuesto de queratina. A veces las púas se le caen y pueden encontrarse tiradas en el suelo.

Cuerno de muflón

Al macho del muflón, una especie de ovino salvaje, le salen un par de magníficos cuernos curvados, que usa para exhibirse y para pelearse. Tienen un núcleo óseo cubierto de queratina.

Caparazón de tortuga radiada

El caparazón de las tortugas está hecho de hueso recubierto de queratina, lo que hace que sea más resistente e impermeable. La queratina crece en forma de placas, llamadas escudos.

Garra del perezoso bayo

Este perezoso dispone de tres garras enormes, que parecen uñas gigantescas. De hecho, son huesos curvos cubiertos de queratina. Las usan para escalar y como armas defensivas.

Queratina

La queratina es una proteína que endurece la piel. También está presente en el pelo, las escamas, las plumas, las uñas, las garras, las pezuñas e incluso en la parte externa de los cuernos de los mamíferos y el pico de las aves. Veamos algunos ejemplos.

Pico del ornitorrinco

Muchos animales tienen pico, pero solo algunos mamíferos lo tienen. Uno es el ornitorrinco australiano, cuyo pico es una extensión ósea del cráneo recubierta de queratina.

Pezuña de cebra de llanura

¡Quizá no lo parezca, pero las cebras y los caballos están siempre de puntillas! Su dedo medio se ha transformado en una pezuña sólida, con huesos en el centro y una capa externa de queratina.

Cuerno del rinoceronte negro

El rinoceronte usa su largo cuerno de queratina como arma. Se ha matado a miles de rinocerontes por sus cuernos, para usarlos como medicina. Por eso están en peligro de extinción.

Cascabel de la cascabel diamantina del oeste

Este cascabel está formado por anillos huecos de queratina y se encuentra en el extremo de la cola. Lo puede hacer vibrar unas 50 veces por segundo para emitir un sonido grave de advertencia.

Pico de frailecillo

El frailecillo tiene un pico grande que no es igual en verano que en invierno.

Se le suele llamar loro marino. ¡Está claro por qué! En la época de apareamiento, en verano, el frailecillo tiene los pies naranjas y el pico rojo, amarillo y azul, para atraer a posibles parejas. Su pico es mucho más grande de lo necesario, pero eso hace que destaque todavía más. También usa el pico para atrapar peces, limpiarse las plumas, amenazar a los rivales y, en caso necesario, para pelearse con ellos.

Como en el resto de las aves, su pico es una extensión ósea de su cráneo. El hueso tiene una capa protectora de queratina, una proteína que aporta dureza. Esta capa externa contiene los pigmentos que dan al pico sus colores, y no para de crecer, para contrarrestar el desgaste por el uso. ¡Lo más sorprendente es que cada año se les cae! No pierden todo el pico, pero en otoño la capa de queratina se desprende y la primavera siguiente les crece otra nueva.

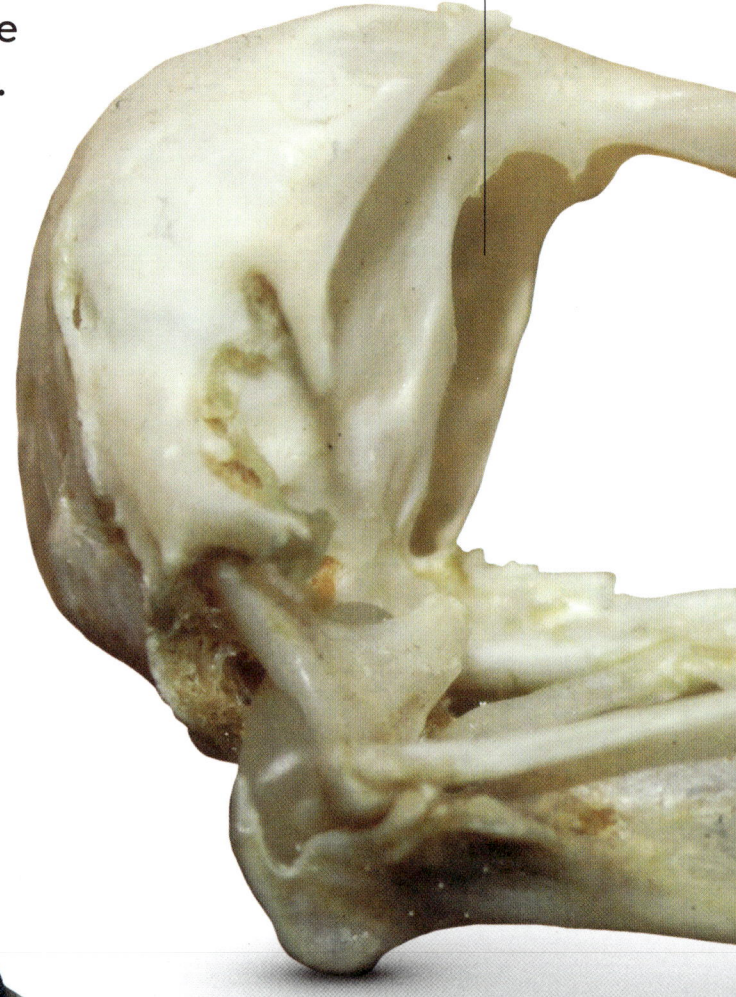

El cráneo tiene un gran orificio para las cuencas oculares.

Pico estival

Pico invernal

Cambio invernal

El frailecillo es la única ave que cambia, o muda, una parte del pico. Los nueve paneles de queratina que hacen que resulte tan llamativo se caen en otoño, así que en invierno el pico es más pequeño y soso. Algunas de sus plumas también cambian de color en invierno.

Muchos a la vez

Usa su lengua ranurada para retener los peces en la boca. Pueden añadir más sin que se caigan los que ya tiene. ¡El récord está en 61 peces!

Frailecillo común

(*Fratercula arctica*)

Esta inconfundible ave marina anida a ambos lados del Atlántico Norte. Tras reproducirse, forma grandes bandadas y regresa al mar.

Este hueso está limpio. En un ave viva, estaría cubierto de queratina.

Estornudos salinos

La dieta del frailecillo incluye mucha sal. Para eliminar el exceso de sal, estornuda y la expulsa por unos agujeros del pico.

Los bordes de la mandíbula superior están muy afilados.

Picos

El pico y el cráneo de las aves están unidos de forma permanente. Cuando el pájaro está vivo, el pico puede tener una capa de queratina de vivos colores. Los picos son tan distintos entre sí que es fácil saber a qué especie pertenecen.

Cálao rinoceronte

El macho tiene una enorme estructura sobre el pico. Se parece un poco al cuerno de un rinoceronte, pero está hueca y es posible que amplifique el volumen de sus reclamos.

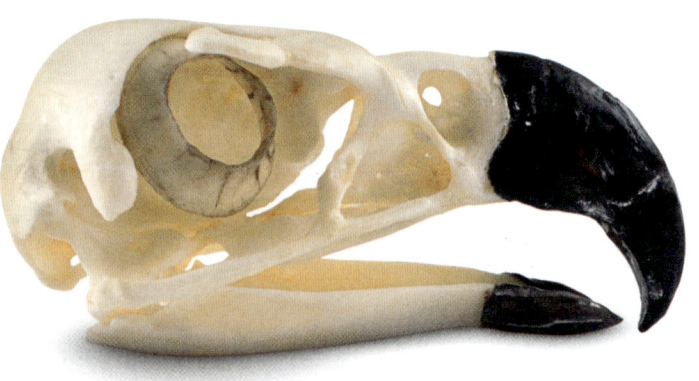

Águila harpía

¡El monstruoso pico de esta ave es más grande que la palma de tu mano! Es tan afilado como un cuchillo de carnicero, para trocear a sus presas.

Cuervo americano

Este cuervo no hace ascos a casi nada. Gracias a su fuerte pico puede ingerir una gran variedad de alimentos, desde pequeñas presas hasta desperdicios abandonados por los humanos.

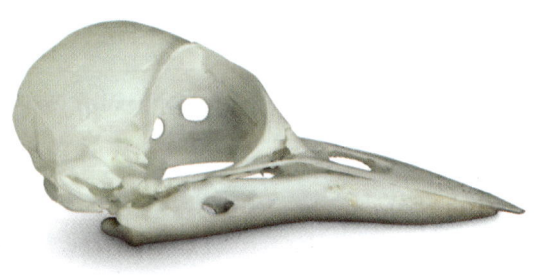

Carpintero verde

Los carpinteros tienen el cráneo reforzado para poder martillear la corteza. Los golpes quedan amortiguados por un material esponjoso que hay en la base del pico. Hacen agujeros en el tronco de los árboles para usarlos como nidos.

Guacamayo azulamarillo

Este enorme loro sudamericano usa su pico ganchudo para partir frutos secos y frutos de cáscara dura. Pero su pico también puede ser muy delicado cuando se acicala las plumas.

Cuchara común

Tiene un pico en forma de pala con unos finos «dientes» tipo peine en los bordes. Al sumergir el pico en el agua, atrapa pequeños animales con ellos.

Zarapito real

Su pico curvado hacia abajo es largo como un plátano, pero mucho más delgado. Lo hunde en el lodo o la tierra en busca de gusanos y otros animales pequeños.

Flamenco común

¡Los flamencos solo pueden comer con la cabeza y el pico boca abajo! Mientras están en esta posición, sumergen el pico en el agua y cazan pequeñas gambas y algas.

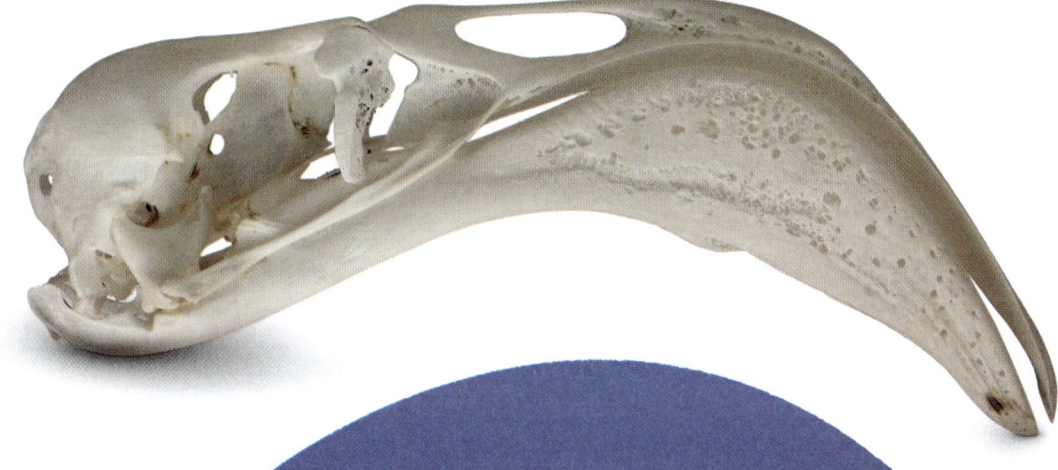

Tipos de picos

La forma del pico de un pájaro permite adivinar su tipo de alimentación. Algunas aves tienen una alimentacion variada, por lo que tienen un pico multiusos. Otras tienen un pico adaptado a un tipo concreto de alimento.

Come de todo

Semillas

Semillas de coníferas

Fruta

Néctar

Insectos

Insectos

Gusanos

Peces

Peces

Peces

Peces

Crustáceos

Crustáceos

Carne en descomposición

Carne fresca

73

CAPÍTULO 2

Plantas,
hongos y algas

La Tierra es un planeta lleno de plantas. Crecen por todas partes, desde los abrasadores desiertos y los mares poco profundos hasta las grietas de cualquier acera. Sus hojas, flores, tallos, frutos y semillas pueden tener muchas formas, tamaños, colores y texturas. Los hongos y las algas se parecen mucho a las plantas, pero en realidad pertenecen a otros grupos.

Hoja de otoño

Cuando el verano da paso al otoño, los arces azucareros ofrecen un espectáculo de color fascinante.

Las hojas captan la energía del sol para fabricar su alimento. Son como fábricas de azúcar que funcionan con energía solar. El proceso de producción del azúcar, llamado fotosíntesis, depende de la clorofila, una sustancia química de color verde intenso. Por eso hay tantas plantas y árboles con las hojas verdes. La fotosíntesis es menos eficaz al disminuir los niveles de luz solar. Cuando el otoño llega a las partes más frías del planeta, los árboles de hoja caduca, como el arce azucarero, paran el proceso hasta la primavera. Se deshacen de la clorofila que no necesitan y pierden las hojas.

Cuando la clorofila verde desaparece, aparecen pigmentos de otros colores, que siempre han estado ahí. Unos pigmentos llamados xantofilas, que están también en la yema de los huevos, hacen que las hojas adquieran un color amarillo. Los carotenos, también presentes en las zanahorias, hacen que se vuelvan naranjas. Pero el cambio más drástico todavía está por llegar. El azúcar que queda en las hojas se transforma en antocianinas. Estos pigmentos, también presentes en las cerezas, las fresas y las remolachas, hacen que se pongan rojas y moradas. El espectáculo dura unas semanas y luego las hojas empiezan a morir. Uno a uno, los colores se desvanecen y las hojas caen al suelo.

Arce azucarero
(*Acer saccharum*)
El arce azucarero crece en el sudeste de Canadá y el noreste de Estados Unidos, donde su savia dorada se procesa para fabricar sirope de arce.

Amarillo

Naranja

Verde claro

Rojo

Verde

Hojas arcoíris
Cuando la clorofila desaparece, pueden verse los pigmentos amarillos y naranjas. Hasta ese momento, la clorofila ocultaba dichos colores. A continuación aparecen el rojo y el morado. Cuando la hoja muere, se vuelve marrón.

Marrón

Las noches frías y los días de sol hacen que se vuelvan más rojas.

El rojo es uno de los últimos colores en aparecer.

Las hojas de arce tienen varias puntas.

Las hojas cambian de color de forma gradual y pueden tener más de un tono a la vez.

Se desvanecen

Tras caer, las hojas se secan y se vuelven quebradizas. Sus bonitos tonos otoñales se desvanecen, y se vuelven marrones y frágiles.

Color desigual

Los arces pueden no cambiar de color de forma uniforme, porque algunas partes del árbol reciben más luz solar que otras.

Cuando la hoja está lista para caer, la base del tallo se desprende del árbol.

77

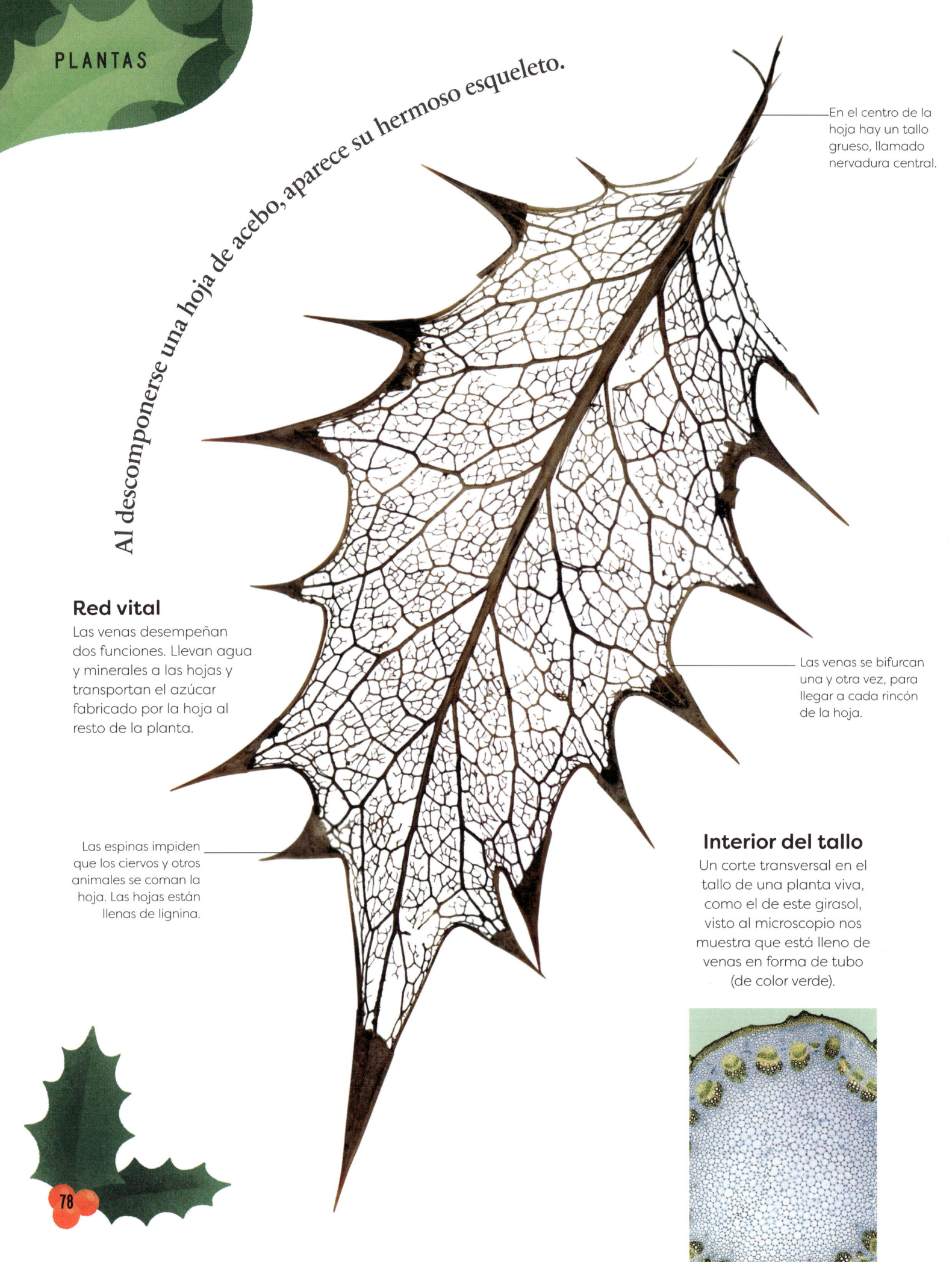

Al descomponerse una hoja de acebo, aparece su hermoso esqueleto.

En el centro de la hoja hay un tallo grueso, llamado nervadura central.

Red vital

Las venas desempeñan dos funciones. Llevan agua y minerales a las hojas y transportan el azúcar fabricado por la hoja al resto de la planta.

Las venas se bifurcan una y otra vez, para llegar a cada rincón de la hoja.

Las espinas impiden que los ciervos y otros animales se coman la hoja. Las hojas están llenas de lignina.

Interior del tallo

Un corte transversal en el tallo de una planta viva, como el de este girasol, visto al microscopio nos muestra que está lleno de venas en forma de tubo (de color verde).

Esqueleto de una hoja

Cada hoja tiene su esqueleto, pero este no está formado por huesos, sino por una intrincada red de venas.

Bajo los árboles suele haber una alfombra de hojas muertas, que pueden estar quebradizas o húmedas, según si ha llovido o no. Este lecho de hojas es un hábitat perfecto para todo tipo de pequeñas criaturas, desde escarabajos hasta ciempiés. Poco después, las hojas empiezan a descomponerse y se transforman en una pasta, que aporta nutrientes al suelo. Algunas hojas, como las del acebo, no desaparecen del todo. Sus partes verdes se descomponen lentamente, pero el esqueleto pardo no. El esqueleto contiene un material rígido llamado lignina, que también se encuentra en la madera y la corteza, y dura mucho tiempo. El esqueleto forma un esbozo perfecto de la hoja original, junto con el hermoso diseño de venas.

Mientras la hoja está viva, la mayoría de las venas quedan ocultas y realizan una función vital. Forman parte del sistema de transporte interno del árbol, que va desde las raíces más profundas hasta las hojas más altas, y sirve para transportar el agua y el alimento que el árbol necesita para crecer.

Acebo
(*Ilex aquifolium*)
El acebo tiene unas espinosas hojas verdes todo el año y bayas rojas en invierno. Crece sobre todo en Europa.

Transporte del agua
El acebo absorbe el agua del suelo a través de sus raíces. El agua sube por el tallo y llega a las hojas a través de las venas. El agua es necesaria para la fotosíntesis, el proceso que usa el árbol para fabricar su alimento. El agua sobrante pasa al aire en forma de vapor de agua.

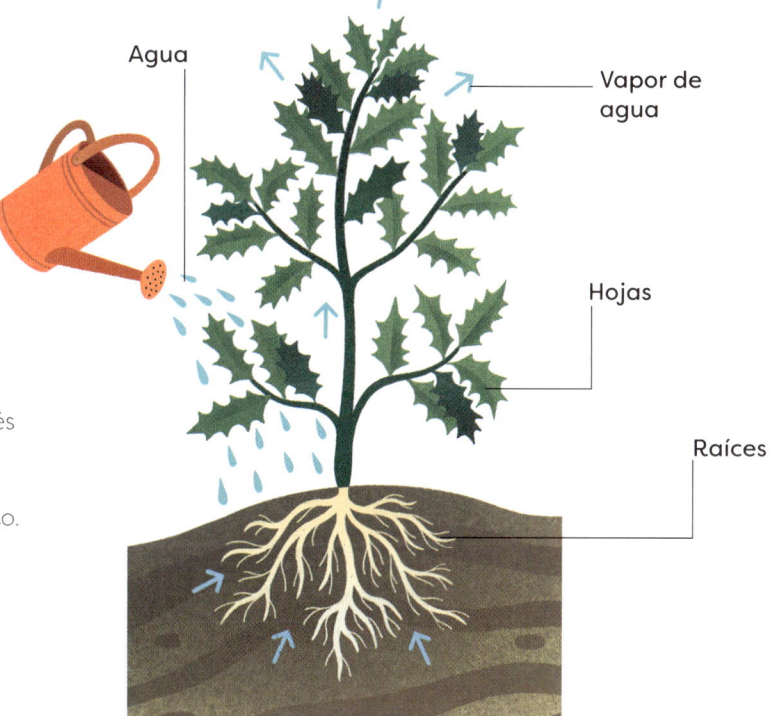

Agua

Vapor de agua

Hojas

Raíces

Hojas

Vivimos en un planeta verde. Hay hojas de un tipo u otro por todas partes, desde la hierba que hay a nuestros pies hasta el follaje de los árboles más altos. Las hay de todos los tamaños, formas y texturas.

Haya purpúrea

¡No todas las hayas tienen las hojas verdes! Esta variedad de haya se cultiva por su follaje marrón violáceo. Suele plantarse en parques y jardines.

Planta de jarra de Veitch

Esta planta carnívora tiene una sola hoja modificada en forma de jarra alta y resbaladiza. Los insectos caen en su interior, que es una especie de trampa, y se ahogan en un charco de néctar digestivo que hay al fondo.

Abeto del Cáucaso

Gracias a sus hojas de aguja cerosas puede almacenar el agua para sobrevivir en condiciones secas. Quizá te resulte familiar porque todos los años por Navidad se venden millones de ellos.

Palmera china de abanico

Las hojas gigantes de este árbol chino presentan muchos foliolos, que forman un abanico. Las hojas de palmera se secan y se usan como material para construir tejados.

Helecho águila

Es un tipo de helecho de delicadas hojas llamadas frondas. Cuando surge del suelo tiene las frondas enrolladas. Luego las despliega mostrando el diseño simétrico de sus foliolos.

Welwitschia

Esta planta desértica de Namibia tan solo tiene dos hojas, que no paran de crecer y se dividen en tiras. ¡Algunas welwitschias tienen hasta 1500 años!

Caduca

Perenne

Tipos de hojas

A los árboles caducifolios se les caen las hojas en invierno o durante la estación seca. Los árboles perennes conservan las hojas todo el año y no suelen reemplazarlas. Entre los perennes están la mayoría de las coníferas, que tienen hojas de aguja.

Las hojas del aeonium son gruesas y carnosas, con la superficie lisa.

Aeonium

Las curiosas hojas del aeonium parecen no tener tallo. Almacenan toda el agua que pueden para resistir largos períodos sin lluvia.

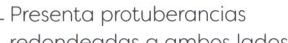

Presenta protuberancias redondeadas a ambos lados.

Roble común

Hay árboles que tienen un follaje tan característico que basta ver una sola hoja para identificarlos. Las hojas del roble común son onduladas y de tallo corto.

Espinas de cactus

Los cactus están recubiertos de espinas, un tipo
especial de hoja con las células muertas y endurecidas.
Pueden ser terriblemente afiladas, como en este cactus
que a veces se planta para ahuyentar a los animales.
Las espinas custodian la preciada agua almacenada
dentro de los tallos de esta planta desértica.

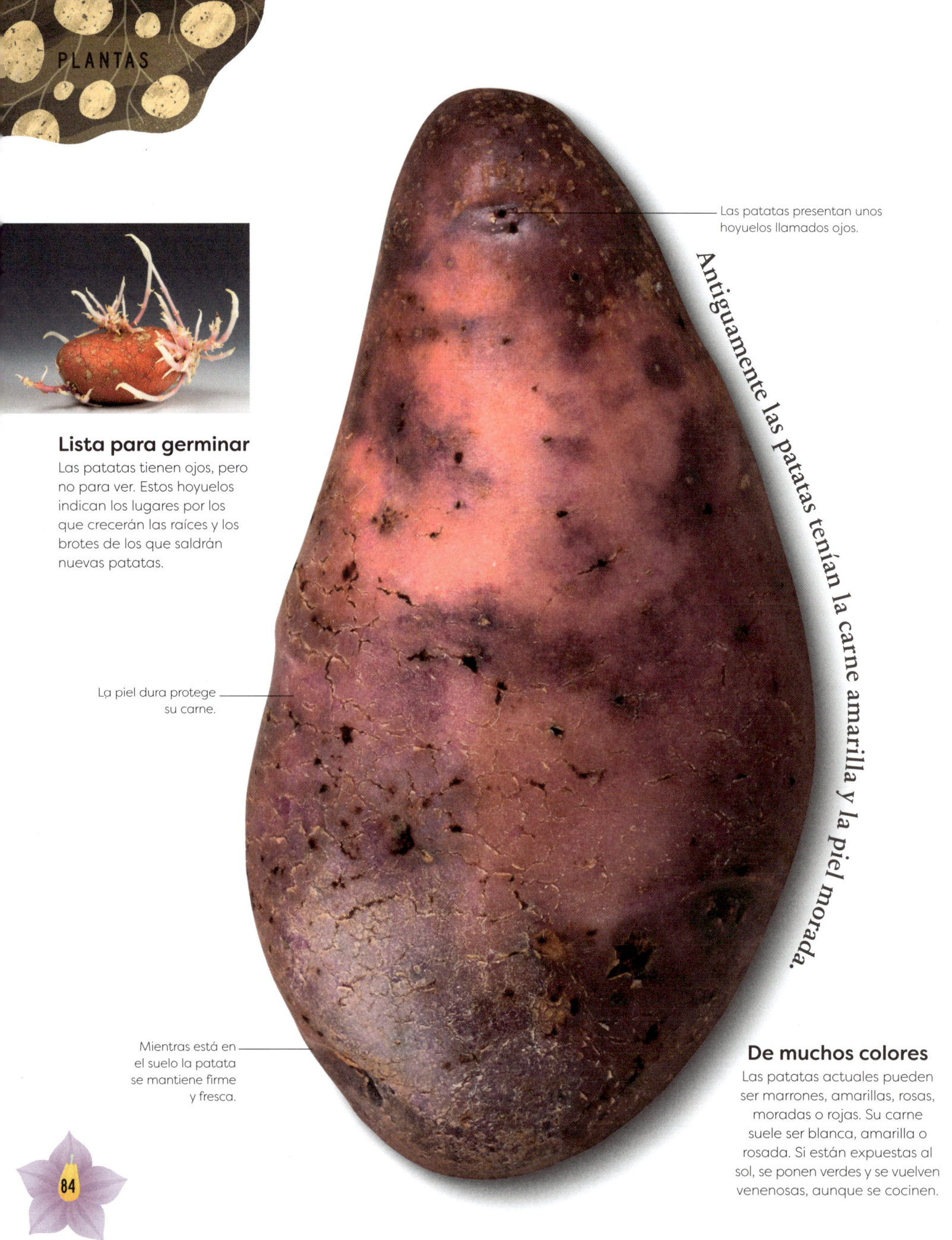

Las patatas presentan unos hoyuelos llamados ojos.

Lista para germinar

Las patatas tienen ojos, pero no para ver. Estos hoyuelos indican los lugares por los que crecerán las raíces y los brotes de los que saldrán nuevas patatas.

Antiguamente las patatas tenían la carne amarilla y la piel morada.

La piel dura protege su carne.

Mientras está en el suelo la patata se mantiene firme y fresca.

De muchos colores

Las patatas actuales pueden ser marrones, amarillas, rosas, moradas o rojas. Su carne suele ser blanca, amarilla o rosada. Si están expuestas al sol, se ponen verdes y se vuelven venenosas, aunque se cocinen.

Patata

La hortaliza que comemos, conocida en todo el mundo, es una reserva de alimentos para la planta de la patata.

Las patatas han desempeñado un importante papel en la historia de la humanidad. A lo largo de los siglos, las personas han cultivado cientos de variedades distintas: pequeñas y grandes, lisas y nudosas, regordetas y finas como dedos, con pieles de todos los colores, con un sabor almendrado o dulce. En Sudamérica, los arqueólogos han encontrado los primeros indicios de patatas cultivadas. Hace como mínimo 8000 años ya se plantaban con herramientas sencillas en la cordillera de los Andes. Más adelante, sirvieron para alimentar a los habitantes y los soldados del poderoso imperio Inca. Los incas incluso adoraban a Axomamma, la diosa de las patatas.

Pero ¿qué es exactamente una patata? Parece que forme parte de las raíces de la planta, pero en realidad es un tallo subterráneo que se ha engrosado de forma desmedida y se llama tubérculo. La planta de la patata llena el tubérculo de provisiones alimenticias, para poder sobrevivir al frío invierno y a largas sequías. Si se deja en el suelo sin cosechar, puede germinar y formar una nueva planta. Las patatas son un alimento muy popular, así que te sorprenderá saber que todas las partes de la patata son venenosas, excepto el tubérculo.

Planta de la patata
(*Solanum tuberosum*)
Las plantas de la patata que cultivamos tienen decenas de parientes silvestres en Sudamérica. Son de aspecto parecido pero producen patatas más pequeñas.

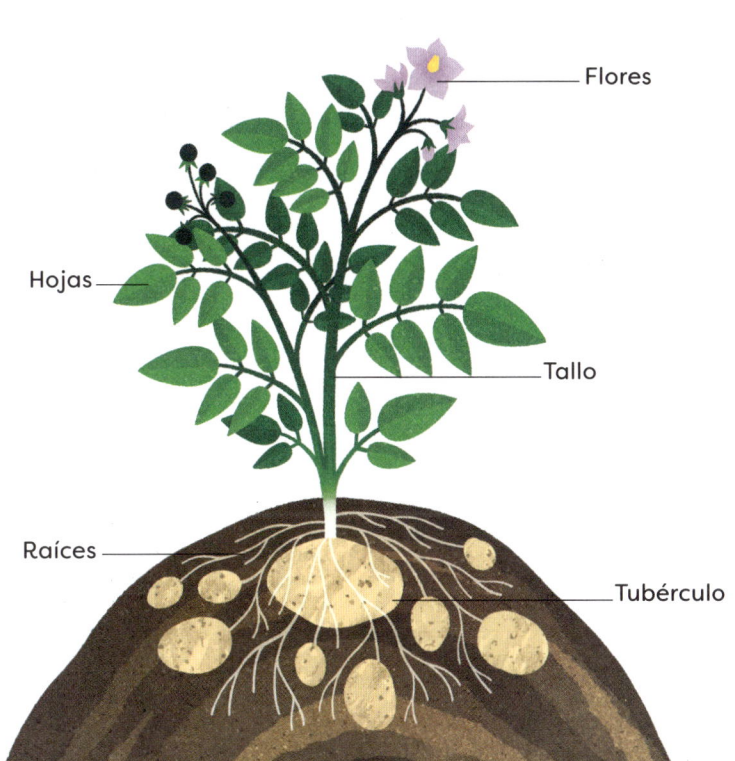

Flores

Hojas

Tallo

Raíces

Tubérculo

Depósito de energía

A medida que madura, la planta de la patata va desarrollando tubérculos en la base de sus raíces. Los tubérculos actúan como reservas de energía. Un tubérculo de patata está formado por una quinta parte de almidón, un tipo de hidrato de carbono, y cuatro quintas partes de agua.

Larva

Agalla

Criadero seguro

Al principio, la agalla es blanda y verde, pero a lo largo del verano se vuelve marrón y dura. Está acolchada por dentro. Dicho acolchado rodea una cámara central, donde vive una única larva de avispa.

Minibestia

Muy pocos han visto a la avispa de las agallas de mármol, porque mide solo 1,5 mm de largo.

La superficie de la agalla es rugosa y accidentada, como un planeta en miniatura.

En otoño, la avispa ya adulta hace un agujero en la agalla y sale.

Agalla de roble

Una avispa diminuta inyecta a un roble unas sustancias químicas para crear el criadero perfecto para sus larvas.

Una criatura pequeña puede tener un gran impacto. Hay una avispa tan pequeña que nos cuesta verla a simple vista, pero que de algún modo se hace con el control de un imponente roble. Nos referimos a la avispa de las agallas de mármol. En primavera, la hembra pone los huevos en los brotes de un roble y le inyecta un cóctel de sustancias químicas. Estas hacen que los brotes crezcan de un modo extraño. En vez de hojas normales, forman unas bolitas llamadas agallas de mármol, que se convierten en criaderos para las larvas de la avispa. A salvo en la bola, la larva se alimenta del roble hasta que está lista para convertirse en adulta. Hay otras muchas avispas gallaritas. Algunas de ellas también abordan los robles, mientras que otras prefieren otros árboles y plantas. Todas producen agallas de distintos tamaños, formas y colores. Durante más de 1300 años las agallas de roble se utilizaron para producir tinta negra. Esta tinta se empleó para escribir algunos de los textos más famosos del mundo, como la Carta Magna de Inglaterra en 1215, la Constitución de Estados Unidos en 1789, y la copia más antigua que se conserva de la Biblia.

Roble
(*Quercus*)
En Europa la avispa de las agallas de mármol se apropia de distintos tipos de robles, entre ellos el roble común.

Polillas ocultas

Las polillas grises en las que se convierten las larvas no son fáciles de ver, porque son muy pequeñas y se camuflan muy bien.

La corteza del chicle garabateado es lisa y plateada.

Corteza vieja

Corteza nueva

Corteza nueva

Al eucalipto le crece una corteza nueva todos los años. En muchas especies, la corteza vieja se desprende y deja a la vista la capa nueva que hay debajo. Es así como el tronco aumenta de grosor. Y es probable que gracias a ello la corteza se mantenga en un perfecto estado.

Caminos de oruga

Las larvas de polilla crean madrigueras del ancho de su cuerpo en la corteza. Su mandíbula es como una tuneladora.

Los garabatos muestran la ruta que han seguido las larvas al comer.

Corteza de eucalipto

Los extraños garabatos que presenta esta corteza los han realizado larvas de insecto.

En los cálidos y secos bosques australianos hay un árbol con la corteza cubierta de bucles, trazos curvos y en zigzag. Se trata de un eucalipto y sus marcas parecen garabatos. Otros eucaliptos cercanos muestran dibujos parecidos, pero no hay dos iguales. ¿Alguien ha grabado algún mensaje en la corteza? ¿De verdad crees que lo ha hecho una persona? En realidad, no hay ninguna duda acerca de la identidad del autor, o mejor dicho, autoras. Son unas pequeñas larvas blancas del tamaño de un grano de arroz. Con el tiempo se convertirán en polillas, pero antes pasarán muchos meses comiendo corteza y creciendo. Los garabatos son el resultado de su mordisqueo continuo y no son visibles hasta que la capa exterior de la corteza se desprende. Esta larva de polilla en concreto siempre garabatea en la misma especie de eucalipto, o chicle. No le sirve ningún otro. ¡Se llama, evidentemente, chicle garabateado! En otras partes del mundo, también pueden encontrarse extraños garabatos en cortezas y hojas, incluso en el interior de los troncos. Los crean distintos insectos, sobre todo larvas de polillas y escarabajos.

Chicle garabateado
(*Eucalyptus haemastoma*)
Tres cuartas partes de los árboles de Australia son eucaliptos (chicles). El chicle garabateado es endémico de la región de Sídney.

Directos al néctar

Los insectos perciben la luz ultravioleta, que nosotros no vemos. En la margarita, unas marcas invisibles para nosotros guían a los insectos hacia el néctar.

Algunas flores solo florecen durante un día.

Muchas flores

Las flores de la familia de los dientes de león esconden un secreto. En realidad están formadas por muchas flores pequeñas, cada una con un único pétalo.

Las estructuras reproductivas del centro del diente de león son amarillas y tienen las puntas enroscadas.

Los pétalos de vivos colores se abren bien para que los insectos puedan aterrizar y posarse.

90

Flor

Las flores llaman la atención con sus colores, sus diseños, sus fragancias y su dulce néctar.

A lo largo de la historia, las flores han formado parte de la cultura y las tradiciones. Han dado pie a historias y a poemas, se han empleado como tinte y en remedios naturales, y se han ofrecido como regalo y como prueba de amor. Sin embargo, las flores no existen solo para nuestro disfrute. Su verdadera función consiste en producir semillas. Las más llamativas pueden parecernos atractivas, pero su objetivo son los polinizadores, entre ellos los insectos, los pájaros e incluso algunos pequeños mamíferos, que transportan el polen de unas flores a otras.

Algunas flores buscan tentar a distintos polinizadores, así que su color, forma y perfume tienen un atractivo general. Otras, como las orquídeas, buscan seducir a un tipo concreto de polinizador, y algunas incluso a una única especie. En ese caso, su estructura solo permite entrar a la especie indicada. Muchas flores producen un líquido azucarado llamado néctar. Se encuentra en su interior y hace que los polinizadores se acerquen más al polen. Algunas flores emiten otras señales que los humanos no captamos. Los polinizadores perciben el mundo de un modo distinto: ven patrones y marcas que nosotros no vemos.

Diente de león rosado
(*Crepis incana*)
En el mundo hay centenares de flores parecidas al diente de león. Esta rara variedad rosada crece en las zonas de montaña del sur de Grecia.

Polinizador

Polen

Néctar

Vida de una flor

Cada planta con flores tiene su propio ciclo de crecimiento. Al diente de león rosado le salen hojas nuevas cuando el sol primaveral calienta el suelo de las montañas. Florece en verano para atraer a una gran variedad de insectos, entre ellos abejas, moscas de las flores y mariposas, por mencionar a algunos. Tras florecer, produce semillas.

Tipos de flores

La Tierra sería un lugar mucho más triste sin flores.
Se han identificado unas 370 000 especies de plantas
con flores y cada año se descubren más. Sus flores pueden
ser enormes o pequeñas como un punto de este libro.

Plátano

Las flores de plátano se ocultan
bajo unas hojas moradas especiales.
Las flores se transforman en los frutos
amarillos que todos conocemos.
En el sur de Asia cocinan estas flores.

Ave del paraíso

Esta flor de Sudáfrica tiene una curiosa
estrategia polinizadora. Cuando se
acerca algún pájaro a beber su néctar,
impregna la base de sus patas de
polen, que acaba en la siguiente flor.

Orquídea abeja

Muchas orquídeas parecen insectos.
Esta especie se parece a una abeja
hembra. Las abejas macho se sienten
atraídas por la orquídea y acaban
cubiertas de polen.

Buganvilla

El hermoso color de esta planta
trepadora se debe a unos órganos
foliáceos llamados brácteas.
Los pétalos son blancos y apenas
se ven.

Girasol

A los 90 días de haber plantado la
semilla, la cabeza dorada del girasol
se eleva ya a varios metros del suelo.
Los silvestres son mucho más pequeños
y no crecen tan rápido.

Zanahoria silvestre

Esta flor huele a zanahoria, ya que es la
antecesora de la hortaliza actual. Hay
muchas plantas con una cabezuela de
flores blancas como la suya, llamada
umbela.

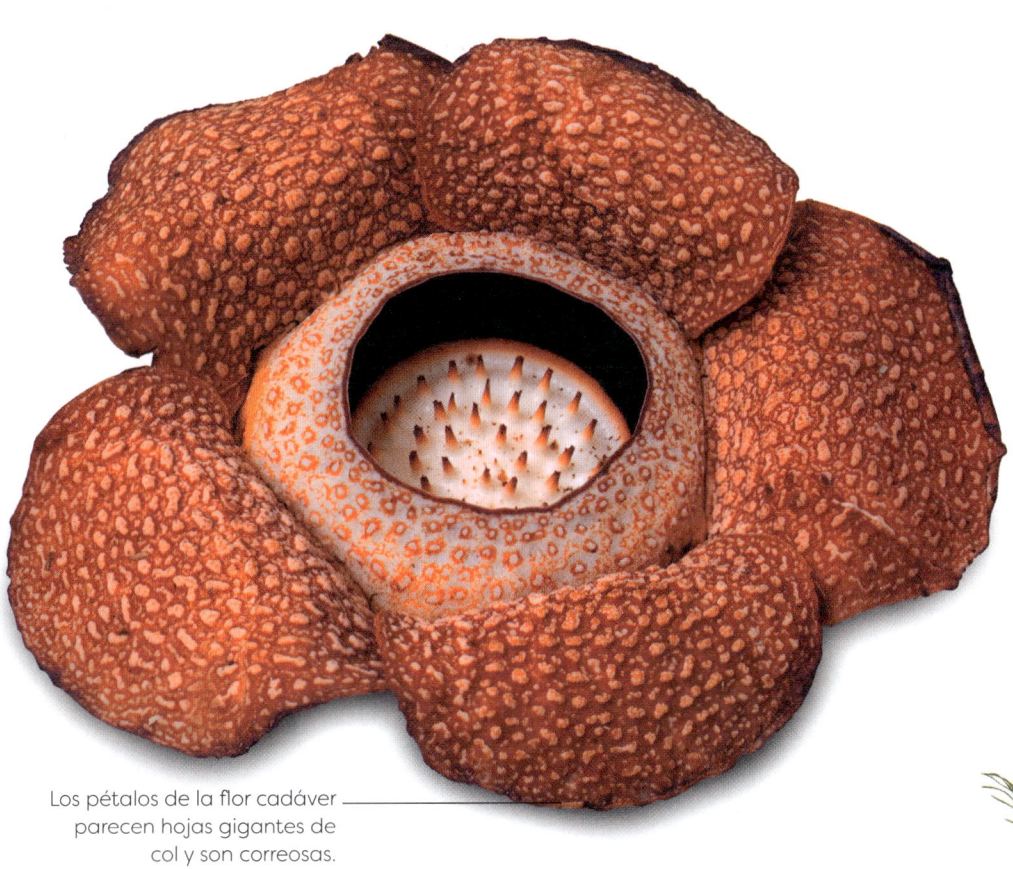

Flor cadáver

La flor más grande del mundo vive en los bosques húmedos y es polinizada por nubes de moscas diminutas. Para atraerlas, huele como un animal muerto.

Los pétalos de la flor cadáver parecen hojas gigantes de col y son correosas.

Las flores se apretujan en un penacho verde puntiagudo.

Hierba espiguera

Las hierbas, como la espiguera, producen flores en verano, pero son pequeñas y no destacan por su color. El viento dispersa su polen, que puede causar rinitis alérgica.

Labio · Tubo y disco · Cruz · Corona · Rueda

Estrella · Urna · Mariposa · Capucha · Brazalete · Campana

Zapato · Tubo · Plato · Saco · Cuenco · Embudo

Forma de las flores

Las distintas partes de la flor, como los pétalos, los estigmas femeninos y los estambres masculinos, pueden ensamblarse de distintas formas. Cada disposición se adapta a un tipo de polinizador.

Polinizador en acción

Este abejorro está en plena tarea. Bate las alas alrededor de
200 veces por segundo, creando vibraciones que sacuden
el girasol y lanzan el polen sobre su cuerpo peludo.
La polinización vibratoria es un trabajo duro, pero muy
eficaz y el abejorro acaba cubierto de nutritivo polen.

95

Formación del fruto

Tras la polinización, el ovario de la flor femenina se agranda. Luego madura y se convierte en un fruto que contiene las semillas de la planta.

En esta imagen ampliada, se ve el polen en todo su esplendor.

Una capa exterior protege el polen del frío y del calor.

Pinchos adherentes

Los pinchos de la superficie sirven para que el polen se adhiera a las patas y el cuerpo con pelos del insecto polinizador.

Gracias a los huecos de la superficie del polen, la célula reproductora de su interior puede crecer para encontrarse con el ovario de una flor hembra.

96

Grano de polen

Parecido al polvo, las plantas con flores lo usan para reproducirse.

Todas las plantas con flores producen polen, y también algunas más, como las coníferas. Cada planta tiene su tipo de polen. Algunos granos de polen son redondos como guisantes en miniatura. Otros se parecen más a una pelota de rugby, un cuenco o una almohadilla. Este grano de polen pertenece a una calabaza y parece un sol dorado con pinchos. Los granos de polen son demasiado pequeños como para que podamos verlos, pero son esenciales para las plantas con flores, incluidos muchos cultivos importantes.

El polen lo produce la parte masculina de la planta. Dentro de cada grano hay una única célula reproductora masculina. Cuando esta llega a las partes femeninas de una planta de la misma especie, se produce la polinización. Los animales que transfieren el polen se llaman polinizadores. A los insectos se les da muy bien, pero otros muchos animales también lo hacen, como pájaros, murciélagos, monos, lemures e incluso algunos lagartos. Muchos árboles y hierbas usan el viento para la polinización, así que sus granos de polen tienen que ser muy pequeños y ligeros. Pese a ello, el polen es muy resistente y puede conservarse en los fósiles y el hielo. Los científicos estudian el polen prehistórico para saber qué plantas había entonces.

Calabaza de verano
(Cucurbita pepo)
Esta planta norteamericana, muy popular entre los jardineros, produce un enorme fruto comestible en verano. Algunas variedades producen calabacines y otras calabazas.

Antera

Filamento

Flor macho

Estigma

Ovario

Flor hembra

Trayecto del polen
La antera de la flor macho libera el polen. Para que se produzca la polinización, el polen debe ser transportado hasta una flor hembra, donde se pega al estigma. Luego el grano de polen crece hacia abajo para llegar al ovario, que se convierte en un fruto con semillas dentro.

97

Bellota de algodón

Los fardos lanudos que rodean las semillas de la planta dan el algodón.

Cuando la planta del algodón está lista para la recolección, aparece cubierta de bolas de pelusa blanca. Esta pelusa es el envoltorio natural que protege las semillas. Las vainas que contienen la pelusa, que se conocen como bellotas de algodón, son en realidad un tipo poco común de fruto que ha transformado el mundo. ¿Puedes imaginarte la vida sin algodón? Es el material más utilizado del planeta para confeccionar prendas de vestir, toallas y ropa de cama. Además, puede hilarse de distintas formas, tanto para hacer resistente tela vaquera como suave terciopelo. ¡También se usa para hacer vendas, pasta de dientes, billetes bancarios y explosivos! Se han hallado pequeños fragmentos de telas antiguas que demuestran que se utilizan prendas de algodón desde hace como mínimo 6000 años. El algodón es muy apreciado porque es fácil de tejer y teñir, y porque produce un tejido suave, ligero y transpirable.

Bola esponjosa
Una bellota tiene decenas de miles de fibras de algodón de pocos centímetros de largo.

Planta de algodón
(*Gossypium*)
Hubo un tiempo en que el algodón crecía silvestre en las zonas cálidas de África, Asia, Norteamérica y Sudamérica. Hoy, la mayor parte del algodón se cultiva en granjas.

Flor amarilla

Flor rosa

Crecimiento de la bellota

Formación del algodón

Bellota cerrada

Apertura

Las bellotas de algodón empiezan siendo flores amarillas que pasan a ser rosas en dos días. Luego se marchitan y caen de la planta, dejando unas pequeñas vainas, que maduran y se convierten en bellotas. Cuatro meses después, las bellotas se abren de golpe.

Bellota abierta

Semillas seguras

Hay hasta 45 semillas dentro de la bellota, a las que están unidas todas las fibras de algodón.

Cada fibra es en realidad un tubo hueco.

La parte externa de la vaina es dura y leñosa.

Vaina de cacao

Las semillas de este pesado fruto de color rojo se usan para hacer el chocolate.

La mayoría no reconocerían una vaina de cacao, pero de ella sacamos uno de los alimentos preferidos por todos: ¡el chocolate! La vaina es el fruto del árbol del cacao, que crece silvestre en la selva amazónica y en granjas del oeste de África, donde las condiciones cálidas, húmedas y sombrías resultan ideales. ¿Cómo se forman las vainas de cacao? Primero aparecen las flores. Son diminutas, así que necesitan polinizadores diminutos. El minúsculo mosquito del chocolate tiene el tamaño perfecto. Pero de cada mil flores que este mosquito poliniza, solo dos o tres se transforman en vainas de cacao. De cada flor sale una vaina. A medida que madura, suele cambiar de color pasando de verde a amarillo y luego a rojo.

En tiempo de cosecha, las semillas se extraen de la vaina y se tuestan, pasando de blancas a marrones. A partir de ese momento se llaman granos de cacao. Con ellos se hace el cacao en polvo y el chocolate. Los granos de cacao se consumen desde hace unos 4000 años. Los aztecas hacían con ellos una bebida amarga. Para los aztecas, que vivían en México, el cacao era un regalo de los dioses, y el nombre científico del cacao, *Theobroma*, significa «alimento de los dioses».

Árbol del cacao
(*Theobroma cacao*)
Este árbol es originario de las zonas tropicales de Norteamérica y Sudamérica. Las vainas crecen en la corteza de las ramas y el tronco.

Grano tostado

Semillas rodeadas de pulpa

Vaina partida por la mitad

Interior de la vaina
Dentro de una vaina puede haber hasta 50 semillas. Están rodeadas por una pulpa blanca que a los monos, los roedores y los murciélagos frugívoros les encanta.

Solo machos

Los mosquitos que visitan las flores del cacao para sorber su néctar son sobre todo machos. Las hembras pican y prefieren la sangre.

Un árbol del cacao produce unas 250 vainas a lo largo de su vida.

Las vainas maduras suelen ser rojas, pero algunas son amarillas o moradas.

Cáscara dura

A las vainas les crece una piel gruesa. Las más grandes son del tamaño de una pelota de rugby.

La vaina presenta surcos del tallo a la punta.

Cada enorme grano cuelga de un largo tallo.

Durian

Este árbol originario del sudeste de Asia produce un fruto grande cubierto de pinchos que desprende un fuerte olor, parecido al de calcetines sudados o comida podrida. A muchas personas les es desagradable, y está prohibido en algunos lugares públicos.

Su cáscara ovalada está recubierta de pinchos afilados.

Árbol de las salchichas

En África central y meridional hay un árbol cuyos frutos parecen salchichas gigantes. Cada fruto es una baya que puede medir hasta 1 m de largo. Su carne es tóxica para los humanos, pero a los elefantes y a los monos les encanta.

Pomo

Grano

Drupa

Vaina

Fruto seco

Baya

Sámara

Tipos de frutos

Todos los frutos salen de flores polinizadas y contienen como mínimo una semilla, pero pueden ser carnosos o secos, y pueden presentar cascarilla, cáscara o vaina, o tener alas. Pueden contener muchas semillas pequeñas o una única semilla grande.

Frutos

Por su aspecto, sabor y olor, resultan tan tentadores que los animales se los comen ávidamente, lo que ayuda a dispersar las semillas que contienen. Cuando están maduros, suelen ser de vivos colores y dulces. ¡Pero también los hay duros, secos, ácidos y apestosos! Aun así, la mayoría gustan a algún animal.

Guisante

La vaina en que crecen los guisantes verdes es en realidad un fruto. Dentro de ella, cada guisante está fijado con una hebra que se seca y se rompe cuando la vaina está madura.

Fresa

Una fresa en realidad no es un fruto en sí mismo. Cada uno de los puntitos amarillos de su superficie es un fruto seco que contiene una semilla.

Arce rojo

En otoño, los arces producen unos frutos duros llamados sámaras. Cada sámara tiene un par de semillas con alas. Giran en el aire como un helicóptero.

Castaña

El castaño produce unos frutos protegidos por un envoltorio verde con pinchos. El fruto marrón brillante tiene una cáscara dura y contiene una única semilla. Este tipo de frutos se llaman frutos secos.

Baya de mármol

Años después de haber sido recolectados, estos racimos de frutos de África central conservan su intenso color azul. Los científicos han descubierto que es el color más intenso del reino animal o vegetal.

Anacardo

El anacardo, originario de Brasil, produce la manzana de acajú. Es un falso fruto, pues es un tallo agrandado. De la parte inferior cuelga el verdadero fruto, que contiene la semilla.

Ganchos

Cada espina está rematada con un gancho, afilado y curvo como la garra de un depredador.

Cuesta quitar los numerosos ganchos de la cabezuela del pelo grueso.

Cabezuela espinosa

Desde lejos, las cabezuelas parecen bolas vellosas. De cerca, se distinguen perfectamente las espinas.

Las espinas se extienden en todas las direcciones.

Cabezuela de bardana

Gracias a sus ganchos curvados, estas cabezuelas pueden sujetarse a cualquier cosa peluda con la que se tropiecen.

Unas plantas se pegan más que otras y la bardana es de las que más se pegan. Esta planta se pasa el primer año creciendo. El segundo año produce unas flores moradas. A finales de verano, las flores mueren, se secan y se convierten en unos espinosos contenedores de semillas, que se adhieren al pelo de los mamíferos que los rozan al pasar. Al final, las cabezuelas se desprenden y caen al suelo, con lo que las semillas se dispersan. Las cabezuelas también se adhieren a la ropa. ¡Comprueba si llevas alguna cuando regreses de dar un paseo por el campo!

Estas cabezuelas sirvieron de inspiración para un gran invento. En 1941, el ingeniero suizo George de Mestral y su perro salieron a dar un paseo y regresaron cubiertos de cabezuelas de bardana. Mestral las observó con un microscopio y descubrió que tenían unos ganchos. Entonces se le ocurrió la idea de un nuevo sistema de sujeción que acabó comercializando con el nombre de velcro®.

Bardana
(Arctium)
Esta planta pertenece a la familia de las asteráceas. Le gustan las zonas boscosas y el terreno accidentado, y crece tanto en Asia como en Europa.

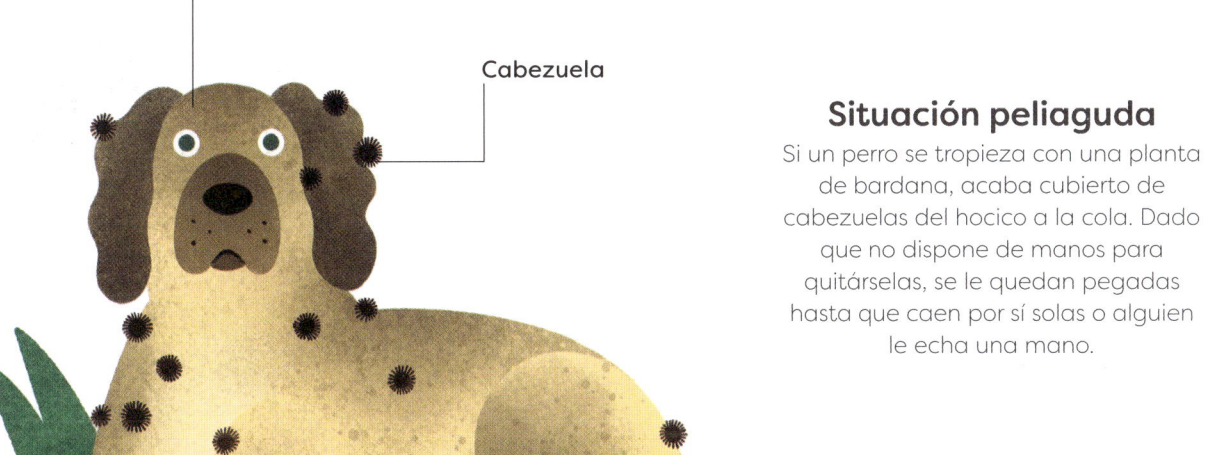

Pelaje

Cabezuela

Situación peliaguda
Si un perro se tropieza con una planta de bardana, acaba cubierto de cabezuelas del hocico a la cola. Dado que no dispone de manos para quitárselas, se le quedan pegadas hasta que caen por sí solas o alguien le echa una mano.

Piña

Los pinos han usado estos resistentes receptáculos para mantener a salvo sus semillas, incluso de los dinosaurios.

Las piñas tienen el aspecto y el tacto de la madera, y de hecho están hechas de materiales parecidos, entre ellos la celulosa, una sustancia resistente presente en las plantas. Las gruesas escamas de la piña se superponen y cuando está madura se abren en todas las direcciones. Estas piñas son hembras, mientras que las piñas macho son pequeñas y blandas, y cuesta verlas entre las agujas del pino. ¿Por qué son tan fuertes las piñas hembra? Quizá sea porque cuando los pinos aparecieron por primera vez en la Tierra, hace más de 150 millones de años, almacenar las semillas en un recipiente realmente fuerte fuera la mejor forma de evitar que los dinosaurios se las comieran.

Se dice que las piñas sirven para pronosticar el tiempo. Si examinas sus escamas, verás que en días húmedos, cuando es probable que llueva, las escamas se aprietan más firmemente para impedir que las semillas se mojen. Cuando hace buen tiempo, las escamas se abren mostrando las semillas. Las semillas del pino negral tienen alas, para que el viento pueda arrastrarlas lejos.

Pino negral
(*Pinus nigra*)
Este hermoso árbol es una conífera que crece cerca del Mediterráneo. Las coníferas suelen ser longevas y esta puede llegar a vivir 500 años.

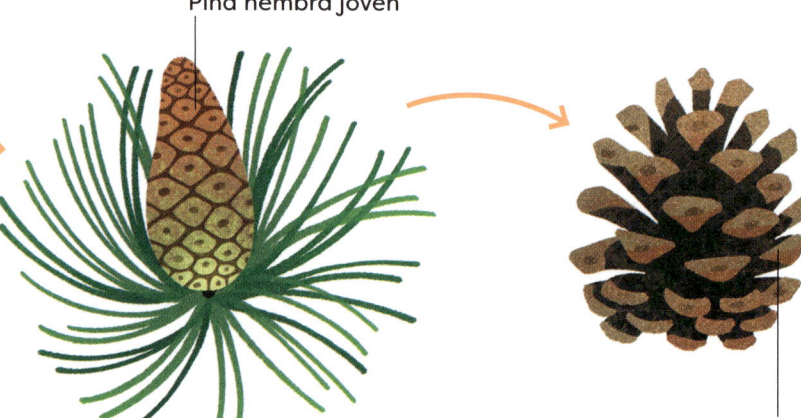

Piña hembra joven

Piña hembra madura

Piña macho

Nuevas piñas
En primavera, las diminutas piñas macho producen polen. El viento lo lleva hasta las piñas hembra, polinizándolas. A medida que sus semillas se desarrollan, las piñas hembras se vuelven más grandes y resistentes. Cuando están maduras, son duras, marrones y lustrosas.

A volar

Las semillas están ocultas entre las escamas. Cada semilla dispone de un ala, para que el viento pueda arrastrarla lejos.

Cada escama protege dos semillas aladas.

Las piñas leñosas del pino negral tardan hasta tres años en crecer.

Escamas en espiral

La piña está formada por espirales de escamas. Las espirales son muy comunes en la naturaleza, pues aprovechan muy bien el espacio.

107

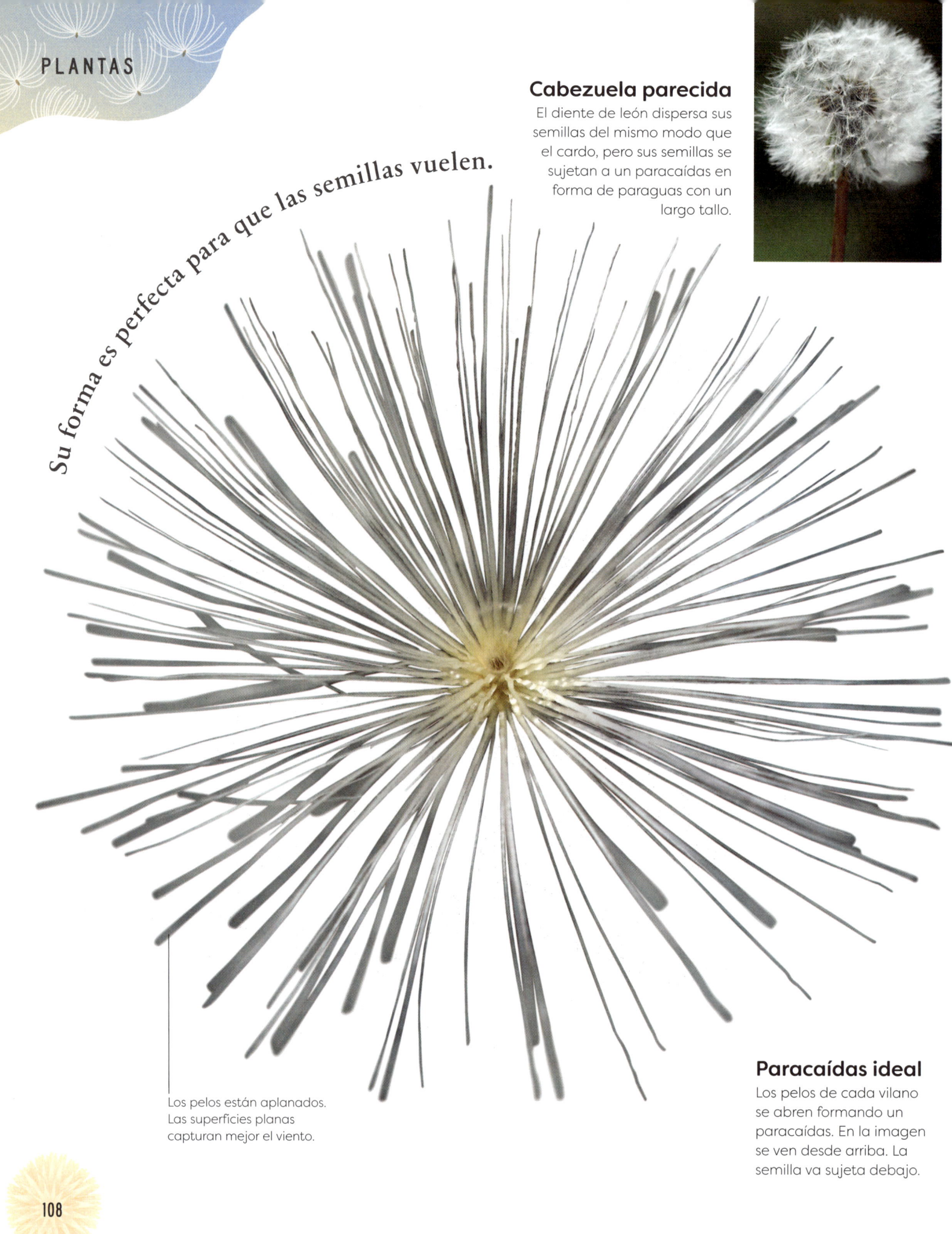

Cabezuela parecida

El diente de león dispersa sus semillas del mismo modo que el cardo, pero sus semillas se sujetan a un paracaídas en forma de paraguas con un largo tallo.

Su forma es perfecta para que las semillas vuelen.

Los pelos están aplanados. Las superficies planas capturan mejor el viento.

Paracaídas ideal

Los pelos de cada vilano se abren formando un paracaídas. En la imagen se ven desde arriba. La semilla va sujeta debajo.

Vilano del cardo

Los vaporosos vilanos del cardo llevan las semillas con el viento.

El cardo es una planta alta y elegante con flores moradas, rojas o rosas. Durante todo el verano, su abundante néctar atrae a montones de insectos. Eso lo convierte en un elemento valioso de las praderas y de los jardines salvajes. El cardo tiene una larga temporada de floración, pero al final se marchita y se seca. Entonces sus flores se transforman en vilanos, que recuerdan la mullida cola de un conejo.

Por un tiempo, parece que no ocurra nada. Pero entonces empieza a soplar una suave brisa y las bolas de pelusa empiezan a desintegrarse. Cientos de «estrellas» de pelusa se desplazan por el aire, como si nevara en pleno verano. Cada vilano transporta una preciada carga: una semilla de cardo. Muchas semillas acaban en lugares que no son apropiados, como el agua, la arena o el asfalto. Pero las que aterrizan en un terreno adecuado es posible que broten la primavera siguiente. Arrastrados por el viento, los vilanos se dispersan rápidamente. Los cardos también pueden propagarse mediante las raíces que se arrastran por el subsuelo. ¡No hay quien las pare!

Cardo estrellado
(*Centaurea calcitrapa*)
Este cardo crece en parajes herbáceos de todo el mundo. En los campos de cultivo, se considera una mala hierba.

Semilla

Cabezuela

Arrastradas por la brisa
A finales de verano, las flores del cardo maduran y forman cabezuelas color crema llenas de semillas. Cada semilla presenta un penacho de pelos finos. El viento desprende los penachos de las cabezuelas y arrastra las livianas semillas.

Castaña de Indias

El castaño de Indias esparce estas lustrosas semillas mediante la fuerza de la gravedad.

Castaño de Indias
(*Aesculus hippocastanum*)
Este árbol es originario de las montañas del sudeste de Europa, pero se ha plantado en jardines y parques de todo el mundo.

Si pasas por debajo de un castaño de Indias en otoño, ten cuidado. Una castaña de indias podría golpearte la cabeza. Son unas semillas muy pesadas que están metidas en una cápsula espinosa, que en realidad es un fruto. Cuando el fruto cae al suelo, el impacto hace que se abra y que su tesoro oculto quede a la vista. Estas castañas son lisas, brillantes y de un hermoso tono marrón rojizo.

Los niños las recogen en otoño para jugar a un divertido juego. La primera noticia que se tiene del juego data de 1848. Se hacía un agujero en la castaña elegida y se pasaba una cuerda por el mismo. Por turnos, dos oponentes trataban de golpear la castaña del otro haciéndola oscilar. Ganaba el que partía la del rival en pedazos. Si lo intentas, ten cuidado de no golpear a nadie (ni a ti mismo) con la castaña. No te comas nunca una castaña de Indias, porque son amargas y ligeramente tóxicas. A las ardillas, los jabalíes y los ciervos les encantan. Las ardillas a veces las entierran, pero antes de que puedan comérselas, las semillas se convierten en un nuevo árbol.

Flor

Fruto

Nuevas castañas

En primavera, los castaños de Indias se cubren de racimos de flores blancas llamados velas. Las flores son o machos o hembras. Antes del verano, las abejas han polinizado la mayoría de las flores hembras, que se transforman en frutos con espinas de color verde.

semilla redonda

Cada cáscara protege una semilla dura y rechoncha: la castaña. El círculo claro muestra por dónde se unía a la cáscara.

Los pinchos de la cáscara son fuertes y afilados.

Cuando el fruto se abre, puede verse la castaña, o castañas.

Con el tiempo, la cáscara pasa de verde a amarilla.

Espinosa

La cáscara que rodea la castaña por fuera es verde y leñosa, pero por dentro es blanca y suave.

111

Semillas

Las semillas son el origen de las nuevas plantas. Su duro envoltorio contiene el embrión de una planta, y una reserva de alimentos, para que empiece a desarrollarse. Las semillas pueden brotar de inmediato o esperar bajo tierra. ¡Los científicos han conseguido que naciera un árbol de una semilla de hace 2000 años!

Palma del viajero

Esta extraña semilla, de un árbol de Madagascar, tiene una cáscara azul que atrae a los lémures. Las semillas azules no abundan en la naturaleza, ya que este color no atrae a la mayoría de los animales.

Aguacate

Cada aguacate contiene una única semilla enorme, llamada hueso. Antiguamente los mamuts, unos elefantes gigantes y lanudos que se extinguieron hace mucho, se comían sus semillas y las esparcían.

Amapola silvestre

Las semillas de amapola son diminutas (esta está muy ampliada) y están dentro de una frágil cabezuela. El viento sacude la cabezuela como una maraca y dispersa las semillas.

Loto

La flor de loto es una planta de Asia que se parece a los nenúfares. Tras la floración, produce unas semillas regordetas que caen al agua de charcas y lagos para que nazcan nuevas plantas.

Ginkgo

El ginkgo biloba de China es muy antiguo: viene de un tiempo en el que no existían ni las flores ni los frutos. Produce unas semillas blancas dentro de lo que parece un fruto redondo amarillo, que puede oler muy mal.

Pepinillo del diablo

Sus semillas son venenosas y maduran en la vaina, como los guisantes. Cuando están maduras, sale de la vaina un chorro de líquido viscoso, que lanza las semillas a 1 m o más.

Dispersión de las semillas

Las semillas pueden alejarse de la planta madre de distintas formas. Algunas se las comen los animales o se adhieren a su pelo. Otras usan la gravedad, el viento o el agua. Otras estallan cuando la cáscara se calienta o se seca.

Caída

Animales

Agua

Viento

Estallido

La cáscara marrón protege la semilla que hay dentro.

Arroz

El arroz se cultiva ampliamente por sus semillas, que se comen como grano. Se le suele quitar la cáscara marrón externa para producir arroz blanco.

Judía pinta

Las judías que comemos en realidad son semillas, que se forman en el interior de vainas colgantes. Si se dejan en la planta, las vainas se secan y se abren de golpe, dispersando las judías por el suelo.

Algunas variedades de judías pintas presentan estampados de colores.

Semilla germinando

Un coco grande pesa unos 1,5 kg, pero flota
fácilmente en el mar para poder llegar a nuevas
playas. Si el fruto llega a tierra, le brotan un tallo
y raíces de la única semilla que contiene en su
interior. La arena carece de nutrientes, pero el
plantón se alimenta de la carne y la «leche»
aguada que hay dentro de la semilla.

Grandes pilas

Montones enormes de plantas rodadoras acaban acumulándose junto a vallas y edificios. Están tan secas que suponen un riesgo de incendio.

Una maraña de ramas retorcidas y hojas secas forman la bola.

La planta rodadora se separa de las raíces por la base del tallo.

Dispersadora de semillas

La barrilla produce una enorme cantidad de semillas. No precisan mucha agua para germinar, así que la planta se extiende rápidamente donde la lleva el viento.

Una planta rodadora puede contener hasta 200 000 semillas.

Planta rodadora

Bolas de plantas rodadoras ruedan por el suelo, diseminando sus semillas.

Hay muchas especies de plantas rodadoras. Se encuentran sobre todo en las vastas llanuras polvorientas, como las de las praderas de Estados Unidos, los vastos pastizales de Rusia y el Outback australiano. Lo que tienen en común todas ellas es la forma de diseminar sus semillas. Hasta que florecen parecen bastante corrientes, pero luego empieza la transformación. La planta entera se seca al sol y se endurece, y se convierte en una bola quebradiza repleta de semillas. Luego el tallo se parte y queda suelta. Ya solo necesita que sople el viento.

En diciembre de 2020, intensas tormentas asolaron el norte de Estados Unidos provocando una invasión de plantas rodadoras. Los fuertes vientos hicieron que acabaran en ciudades y autopistas, donde sepultaron a varios coches e incluso a un camión articulado. En otoño de 1989, en el estado de Dakota del Sur, Estados Unidos, casas enteras quedaron sepultadas bajo montañas de plantas rodadoras y sus moradores tuvieron que ser rescatados. Es justo decir que pocas plantas pueden causar tanto caos.

Barrilla
(*Kali tragus*)

La barrilla es una planta resistente que prospera en terrenos salados, sobre todo en el centro de Estados Unidos. Es famosa por formar grandes plantas rodadoras.

Semillas

Vueltas y más vueltas

A la barrilla, tras florecer, se le marchitan las hojas y se le enroscan las ramas formando una bola. La planta muerta se separa de las raíces, así que las ráfagas de viento pueden hacerla rodar por el suelo dispersando de paso sus semillas.

Cambio de color

En verano, a la linterna china le salen vainas que envuelven sus frutos. Al principio son de color verde claro, luego se vuelven naranjas y a lo largo del invierno se vuelven marrones.

Vaina de papel

El envoltorio del fruto es delicado y parecido al papel. Una red de venas lo hace más fuerte.

Las nervaduras le dan forma, como los postes a una tienda de campaña.

Un envoltorio como este, formado por sépalos, se llama cáliz.

El envoltorio se va estrechando hasta llegar a la base.

118

Farolillo de papel

La linterna china cubre su fruto con un envoltorio de color intenso que parece un farolillo de papel.

A los jardineros les encanta esta planta, así que es fácil encontrarla en parterres y macetas de todo el mundo. Pero no se planta por sus hojas ni por sus flores. Hay otras muchas plantas con un follaje o unas flores más espectaculares. La gente escoge la linterna china por las originales vainas naranjas que produce a finales de verano. Se parecen un poco a una cabezuela, pero no lo son. Salen de los sépalos, que parecen hojas verdes y forman la parte externa de la flor. La función de la vaina es proteger el fruto que hay en su interior.

Estas vainas parecen farolillos de papel, unos cilindros de papel que resplandecen cuando la pequeña vela que llevan dentro se enciende. Son muy populares en todo el mundo, sobre todo en Asia. Los farolillos de verdad deben usarse con precaución, ya que pueden provocar incendios. Pero los farolillos de la planta se usan en varios festivales budistas. En Japón, se recogen y se cuelgan durante el Obon, una celebración en recuerdo a los difuntos. Los japoneses celebran el Obon todos los años para guiar a los espíritus de sus ancestros hasta su morada.

Linterna china
(*Physalis alkekengi*)
Esta planta originaria de Asia y Europa es un miembro de la familia de los tomates. Tiene muchos parientes parecidos en América Central y del Sur.

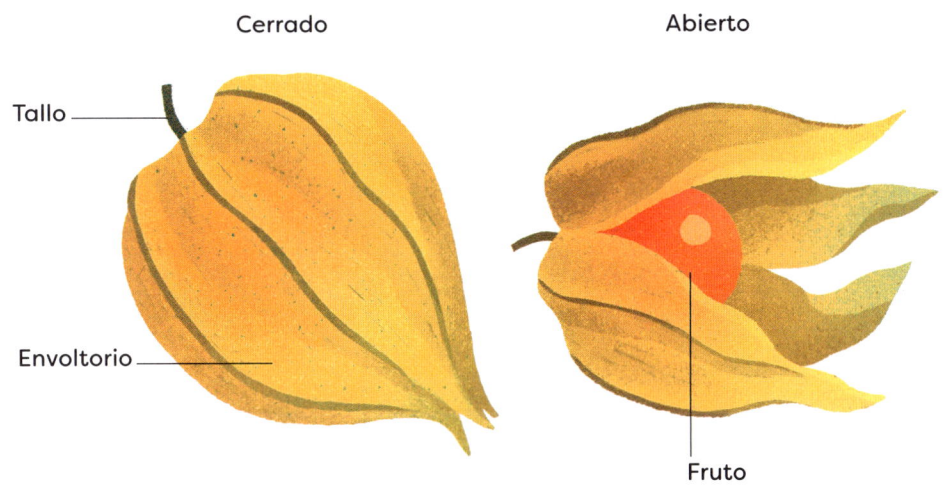

Cerrado

Abierto

Tallo

Envoltorio

Fruto

Hora de abrirse
Durante el invierno, el envoltorio del fruto se ablanda y se abre. En su interior hay un fruto que parece un diminuto tomate naranja. Solo es comestible cuando está maduro y contiene más vitamina C que los frutos cítricos. Cuidado: ¡otras partes de la planta son muy tóxicas!

Trozos del velo permanecen en el sombrero en forma de puntos blancos.

El velo protege el tallo mientras crece.

Láminas recargadas

Las esporas se almacenan en los finos colgajos que hay debajo del sombrero. Cuando las láminas se secan, las esporas salen.

Las setas solo viven unos cuantos días.

Colores de advertencia

El color rojo del sombrero advierte a los animales que si se comen esta seta se van a sentir muy enfermos, o algo peor. ¡Mejor comer otra cosa!

La seta brota de una red de filamentos subterráneos muy finos.

Setas

Esta seta en forma de paraguas tiene vivos colores a modo de advertencia. Es venenosa, así que mírala pero no la toques.

Esta seta con el sombrero rojo tiene un largo tallo y crece en el suelo, pero no es una planta. Es un hongo y se llama matamoscas. Los hongos no son ni plantas ni animales, pertenecen a otro grupo distinto. Muchas veces ni sabemos que están ahí: crecen en el suelo como finos filamentos llamados hifas. Los hongos se alimentan de los restos de otros organismos vivos. ¡Les sirve cualquier cosa, desde la madera hasta las heces! Para comer, se extienden sobre el alimento y segregan jugos digestivos que lo descomponen. Luego el hongo se limita a absorber los nutrientes que necesita. Al final no queda nada. De este modo, ayudan a eliminar los restos de otros organismos.

Pero ¿para qué sirve una seta? Cuando determinados hongos quieren extenderse por una zona nueva, les sale una seta. El sombrero de la seta está repleto de esporas, que son como semillas diminutas. El viento las arrastra en todas las direcciones. Algunas setas son comestibles, pero muchas son venenosas. No debes comer ni tocar las setas silvestres.

Matamoscas
(*Amanita muscaria*)
Este hongo vive en las zonas septentrionales del planeta. Es más habitual en bosques de pinos y abedules.

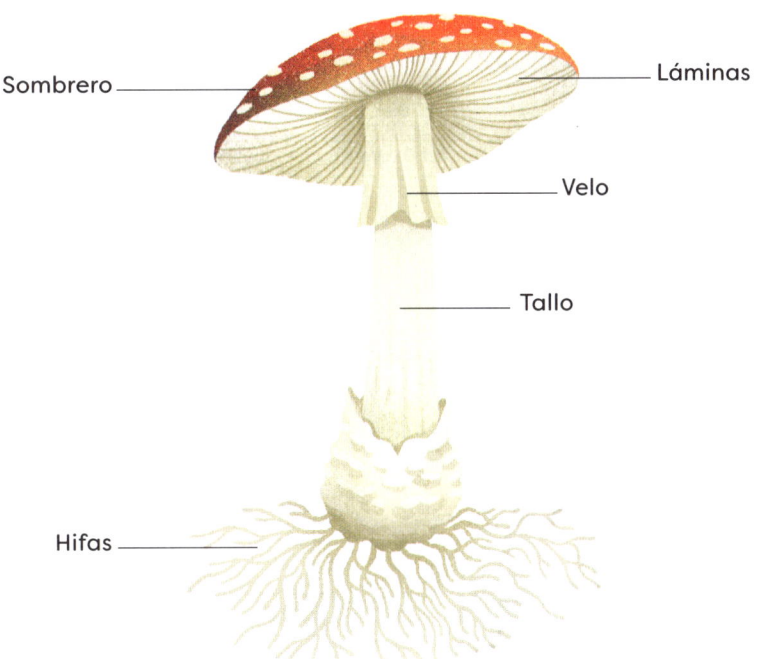

Sombrero — Láminas

Velo

Tallo

Hifas

¿Comestible o venenosa?

No hay ninguna diferencia científica entre una seta comestible y una seta venenosa. Ambas se desarrollan de la misma manera. Los hongos germinan con una gran variedad de formas y colores. Muchas setas tienen nombres peculiares, como níctalo grande, hongo hediondo y oreja de Judas.

Las algas marinas producen más de la mitad del oxígeno del planeta.

Las frondas son resistentes y correosas para poder lidiar con las olas.

Las burbujas de aire se distribuyen por parejas, a ambos lados de la nervadura central.

Una nervadura central da robustez a la fronda.

¿Hoja o fronda?

Las ramas del sargazo se aplanan y dividen en tiras onduladas llamadas frondas. Parecen hojas, pero no lo son.

Sargazo vesiculoso

Esta alga marina utiliza un ingenioso sistema a base de burbujas de aire para subir y bajar con las mareas.

Las algas marinas viven sumergidas en el océano la mayor parte del tiempo, así que para poder ver un sargazo vesiculoso tendrás que esperar a que baje la marea. En las costas rocosas, a menudo se amontonan a lo largo del litoral. Es viscosa y huele a agua de mar. Pero ¿qué es? ¿Una planta u otra cosa? La mayoría de los biólogos opinan que las algas pardas, como el sargazo vesiculoso, no son plantas, porque no tienen raíces, ni tallo ni hojas, y porque se reproducen de otro modo. En vez de raíces, tienen un anclaje, llamado fijación, que se sujeta al lecho marino, y en vez de hojas tienen frondas que parecen cintas.

El sargazo vesiculoso tiene unas frondas características que presentan unas pequeñas burbujas. Estas burbujas de aire ayudan a mantener las frondas en posición vertical cuando están en el agua, para que el sol pueda alcanzarlas. Las algas marinas absorben algunos nutrientes directamente del agua de mar, pero también fabrican alimento a través de la luz del sol mediante la fotosíntesis. Las plantas usan pigmentos verdes para hacerla, pero el sargazo vesiculoso usa pigmentos marrones. Estos últimos funcionan mejor en el agua oscura y le proporcionan su color.

Sargazo vesiculoso
(*Fucus vesiculosus*)
Cada alga tiene su lugar favorito. Esta crece en el litoral, en las costas septentrionales de los océanos Atlántico y Pacífico.

Alta y baja
Cuando sube la marea, el agua cubre el sargazo. Sus burbujas de aire llenas de gas flotan y hacen que las frondas permanezcan verticales, de manera que reciben abundante luz solar. Al bajar la marea, el sargazo se desploma y forma una masa húmeda.

Marea baja

Marea alta

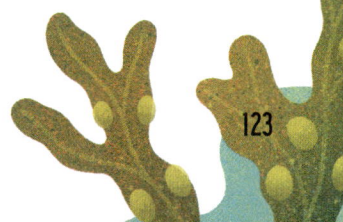

CAPÍTULO 3

Minerales

y rocas

Los minerales son los componentes
básicos de la Tierra. Forman las rocas
que constituyen la superficie del planeta,
del suelo oceánico a los continentes.
También determinan nuestra vida, ya
que nos proporcionan materiales de
construcción, combustible y piedras
preciosas deslumbrantes. ¡Las rocas y
los minerales, además, pueden
mostrarnos cómo era la vida hace
millones de años!

Este diamante se ha tallado en forma de pera, con un extremo puntiagudo.

Los diamantes incoloros son los más usados en joyería.

Cristales de colores

Algunos diamantes son incoloros, pero la mayoría presentan tonos tenues. Los más comunes son los marrones o amarillos. Los rosas, azules, verdes y rojos son menos frecuentes.

¡Es posible que en Urano y Neptuno lluevan diamantes!

Muchas caras

Los joyeros tallan muchas superficies planas, o facetas, en el diamante. La luz rebota en la gema y produce un efecto arcoíris llamado fuego.

Diamante

Los diamantes son uno de los objetos naturales más duros y duraderos.

Es casi imposible destruir un diamante. Estos duros cristales de carbono obtienen un 10 sobre 10 en la escala de dureza de los minerales. De hecho, la palabra *diamante* viene de un vocablo griego que significa «indestructible». Debido a su dureza, los diamantes se usan en potentes taladradoras para cortar metal y piedras. Asimismo, los anillos con diamantes son un símbolo de amor eterno. Aunque parezca mentira, los diamantes están hechos del mismo material que la mina de los lápices. La mina de un lápiz es de grafito, y el grafito, como los diamantes, es cien por cien carbono. Sus grandes diferencias se deben a cómo están dispuestos los átomos de carbono.

En 1869, el descubrimiento de un enorme diamante en Sudáfrica inició una fiebre por este mineral. Se abrieron muchas minas y esta gema se hizo muy popular. Pero extraer diamantes puede ser un trabajo penoso. Actualmente, pueden hacerse diamantes artificiales en un laboratorio, reproduciendo las condiciones naturales en las que se forman. Los diamantes no son brillantes por naturaleza. Para que brillen, los joyeros los tallan dándoles todo tipo de formas. Pero no hay muchas cosas con las que se puedan tallar: a veces se usan otros diamantes.

Kimberlita

Actualmente, extraemos la mayoría de los diamantes del interior de una roca volcánica oscura llamada kimberlita. Debe su nombre a la localidad de Kimberley en Sudáfrica.

Océano

Corteza

Volcán

Manto

Magma

Cómo se forma un diamante

Hace falta mucho calor y mucha presión para transformar el carbono en diamantes. Dichas condiciones se dan a mucha profundidad, en la roca líquida que hay a unos 150 km de la superficie de la tierra. Hace unos 3000 o 4000 millones de años, las erupciones volcánicas hicieron que esta roca subiera a la superficie, arrastrando los diamantes con ella.

Gemas

A lo largo de la historia, los seres humanos han admirado las piedras preciosas, o gemas. Estos minerales deben sus espectaculares colores a los materiales que contienen. Muchas se tallan y se pulen para que brillen o resplandezcan. Las gemas son raras, por eso las consideramos joyas.

Turquesa

Esta gema es verde azulada porque contiene cobre y hierro. Suele presentar manchas oscuras de óxido. Los antiguos egipcios la usaban para hacer collares y talismanes.

Zafiro

La mayoría de los zafiros son de color azul oscuro, pero pueden ser verdes y amarillos. Todos están compuestos de un mineral duro llamado corindón, que también forma los rubíes.

Rubí

Los rubíes y los zafiros tienen muchas cosas en común. Ambos están compuestos de corindón y suelen encontrarse en la grava. Pero los rubíes son de color rojo sangre o rosa.

Cornalina

En el Mediterráneo hace 10000 años que se aprecia esta gema roja anaranjada. Se ha usado a menudo como sello oficial: se esculpía una imagen y se sumergía en cera caliente para sellar documentos.

Jade

El jade puro es blanco, pero el hierro hace que se vuelva verde. Antiguamente, en América Central pensaban que el jade verde tenía mucho poder. Se incrustaba en las máscaras de los rituales religiosos.

Ópalo

Los ópalos se forman cuando el agua se filtra en las grietas de la piedra arenisca. Los hay de muchos colores, pero suelen ser verdes y azules. Si los haces girar, lanzan destellos de distintos colores.

Esmeralda

Son de color verde intenso y poco frecuentes. ¡Los diamantes son mucho más corrientes! Las esmeraldas están compuestas de un mineral llamado berilio, que en estado puro es incoloro.

Una esmeralda tallada como un octágono tiene ocho lados vista desde arriba.

Piedra de luna

Esta gema no procede de la Luna. Debe su nombre a su forma de brillar, como la luz de la Luna sobre el agua. Algunas personas creen que tiene propiedades curativas y da buena suerte.

La delicada superficie de la piedra de luna puede ser desde color blanco leche hasta azul muy claro.

Talla de gemas

Las gemas se tallan y pulen para resaltar su belleza. Los expertos trabajan la piedra bruta con paciencia y maestría. Le dan forma y crean distintos ángulos hasta que resplandece.

| Redonda | Pera | Ovalada | Cuadrada | Esmeralda | Octagonal |

Geoda

Algunas rocas parecen corrientes, pero si las partes descubres que ocultan un montón de cristales que se formaron cuando el orificio de una roca se llena de líquido rico en minerales, creando una geoda. En este ejemplo, la roca contiene ágatas.

De cada 100 copos de nieve, solo uno es perfectamente simétrico.

Simetría perfecta

Un copo perfecto tiene seis puntas y seis líneas de simetría, es decir, se puede partir por la mitad de seis formas distintas.

Las ramificaciones crean diseños que parecen plumas.

El hielo es transparente, así que deja pasar la luz.

Diseño fractal

Si observas de cerca un copo de nieve verás su diseño ramificado. Si lo observas todavía con más detenimiento, verás que el diseño se repite a menor escala. Este tipo de diseño se denomina fractal.

Copo de nieve

Cuando el agua que hay en el aire se congela, se forman cristales de hielo que flotan hasta caer al suelo.

Si el aire es lo suficientemente frío, las gotas de agua se congelan y forman cristales de hielo diminutos en el cielo, normalmente en las nubes. Son el origen de los copos de nieve. El agua sigue congelándose sobre los cristales, así que estos empiezan a crecer. Es entonces cuando comienzan a caer millones de copos de nieve, que siguen creciendo y cambiando de forma mientras caen. Es una tormenta de nieve, uno de los grandes espectáculos que nos ofrece la naturaleza. Si el suelo está a 0 °C o por debajo, la nieve seguirá acumulándose. Al poco, todo está blanco... ¿O no? Los copos de nieve parecen blancos, tanto en el aire como en el suelo, pero en realidad son incoloros. El blanco se debe a su forma compleja, que hace que la luz rebote en todas las direcciones.

No es fácil apreciar la belleza de un copo, ya que son muy frágiles y enseguida se amontonan, ocultando su verdadera forma. Para apreciar la hermosa simetría de sus seis lados, puedes fotografiarlos de cerca con un microscopio fluorescente de cátodo frío. La mayoría de los copos, sin embargo, son irregulares o imperfectos, ya que partes del mismo se derriten mientras caen.

Agua

El agua suele cambiar de estado, de sólido a líquido o gaseoso. Los copos de nieve son formas elaboradas de cristales de hielo sólido.

Todos distintos

Cada copo de nieve es único. Se debe a que cada uno describe su propia trayectoria hasta el suelo, atravesando el aire a distintas temperaturas y con distintos grados de humedad. El número de formas que pueden adoptar es infinito.

Ámbar

El ámbar del color de la miel es un tipo especial de fósil que puede preservar especies extintas.

A diferencia de la piedra, que es fría al tacto, el ámbar resulta cálido y agradable. Además, es mucho más ligero y blando que la piedra, y puede contener burbujas de aire que hacen que flote. En la mayoría de los casos es transparente, como un cristal dorado. Es normal que este misterioso material nos haya fascinado siempre. Ya en la Edad de Piedra se usaba en joyas y adornos. Los griegos antiguos creían que el ámbar eran gotas solidificadas de los rayos del sol y otros creían que eran lágrimas de pájaro o de los dioses.

Lo cierto es que el ámbar son los restos fosilizados de una resina natural. Esta sustancia líquida la producen las coníferas para cicatrizar la corteza dañada. Rezuma y se endurece sellando las heridas. A veces, algún insecto aterriza en la sustancia pegajosa y queda atrapado en ella. Cuando un trozo de resina endurecida cae al suelo y acaba sepultado, tanto la resina como el animal atrapado dentro pueden transformarse poco a poco en un fósil. El ámbar se encuentra en muchas partes del mundo. A menudo es arrastrado por los ríos hasta el mar y acaba en alguna playa, golpeado por las olas y raspado por la arena.

Conífera
(*Pinophyta*)
La mayor parte del ámbar procede de las coníferas que hace millones de años, cuando el clima era más cálido, formaban grandes bosques.

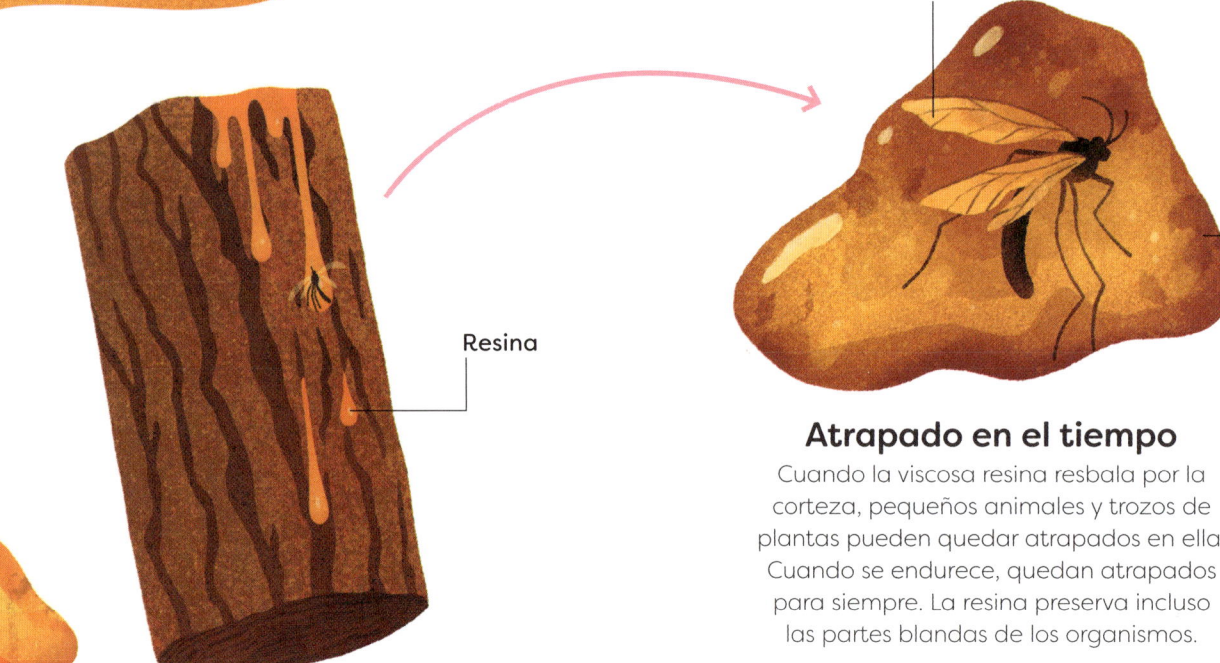

Mosca

Ámbar

Resina

Atrapado en el tiempo
Cuando la viscosa resina resbala por la corteza, pequeños animales y trozos de plantas pueden quedar atrapados en ella. Cuando se endurece, quedan atrapados para siempre. La resina preserva incluso las partes blandas de los organismos.

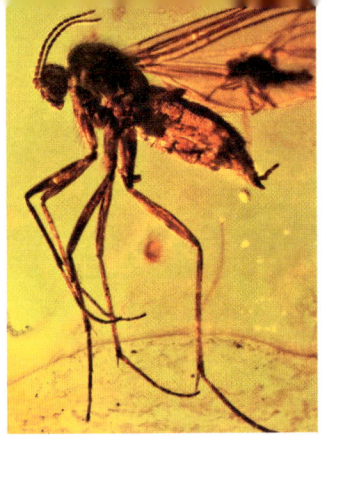

Cápsula del tiempo

En el ámbar se han conservado todo tipo de cosas: semillas, polen, moscas, hormigas, escarabajos, orugas, arañas e incluso las plumas y cráneos de pequeños dinosaurios.

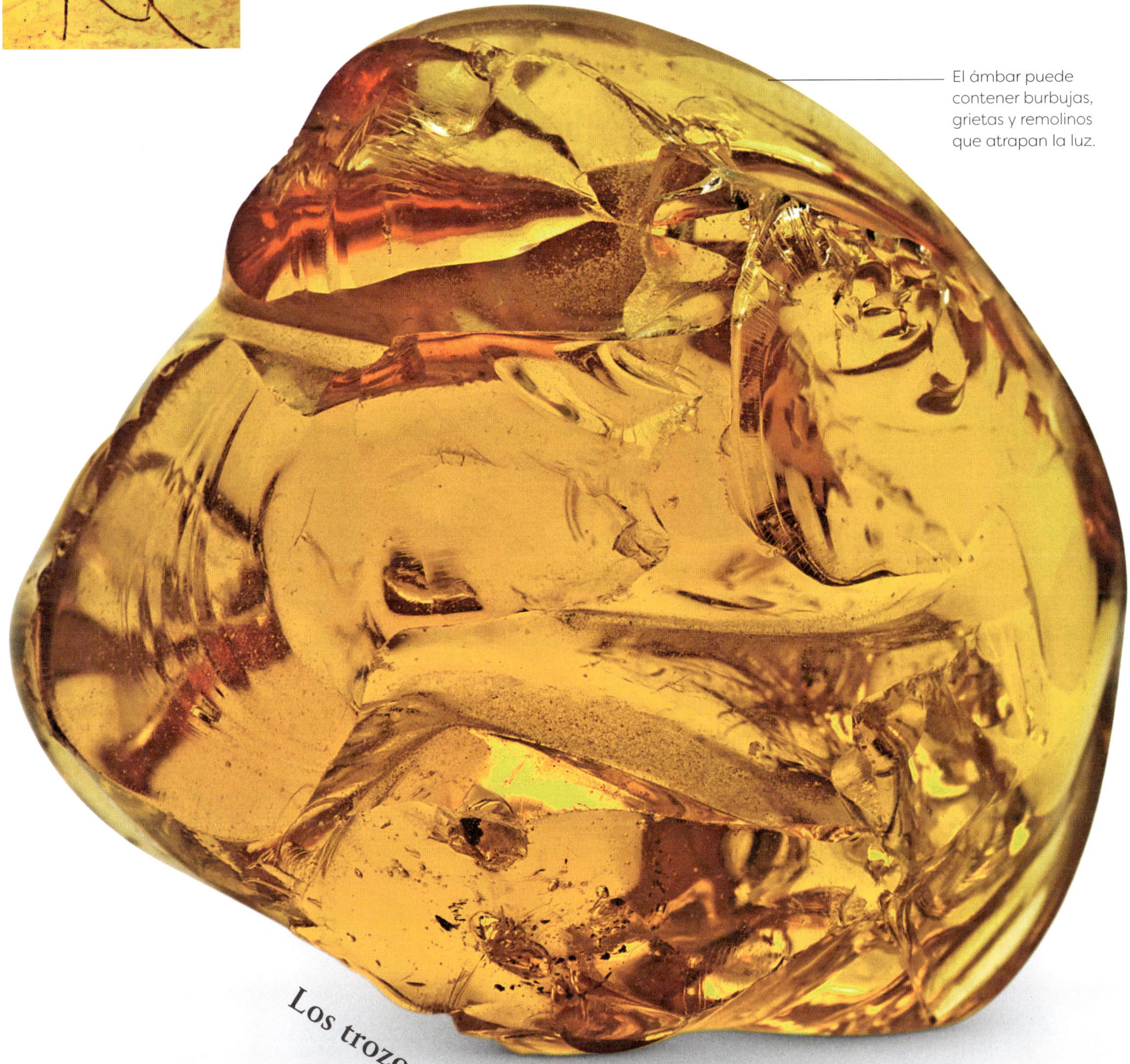

El ámbar puede contener burbujas, grietas y remolinos que atrapan la luz.

Los trozos de ámbar brillan y resplandecen al sol.

Cristal dorado

El ámbar es transparente y tiene la textura del cristal. Suele ser amarillo o naranja, pero álgunas variedades pueden verse verdes o azules al sol.

135

Destello y brillo

Las perlas emiten un suave destello, muy distinto al brillo intenso de los diamantes y otras gemas.

Las ostras al principio son machos y luego se transforman en hembras.

En el centro de la perla hay un grano de arena o gravilla.

La superficie de la perla es tan lisa y dura como una bola de billar.

Color inusual

La mayoría de las perlas son blancas. Muy de vez en cuando, la ostra perla de labio negro produce una perla negra, pero solo una de cada 10 000 es de ese color.

Perla de ostra

Las perlas son piedras preciosas relucientes que crecen en el interior de la valva de las ostras.

Pocas cosas son tan molestas como que se te meta algo en un ojo o una piedrecita en el zapato. Las ostras, que viven en el lecho marino, también se sienten molestas cuando un granito de gravilla o arena se mete en su valva. Eso suele ocurrir cuando abren la valva articulada para comer. Para que su blando cuerpo no sufra ningún daño, la ostra cubre el grano de gravilla o arena con un material llamado madreperla, o nácar. Es la sustancia brillante que recubre el interior de la valva y es increíblemente dura y resistente. La valva reforzada protege a la ostra de los cangrejos y otros depredadores.

Los mejillones también forman perlas, pero las perlas naturales son poco frecuentes. Hoy en día, la mayoría de las perlas de ostra son cultivadas. El perlicultor abre su valva con mucho cuidado y mete dentro una cuenta. Así se inicia la formación de una perla artificial. No todas las perlas son redondas: algunas se quedan pegadas a la superficie interna de la valva y forman curiosas figuras. Tampoco son todas blancas: los distintos minerales del nácar pueden conferirles diversas tonalidades.

Ostra perla de labio negro
(*Pinctada margaritifera*)
Muchas perlas salen de la ostra perla de labio negro, que vive en los arrecifes de coral del océano Índico y el océano Pacífico.

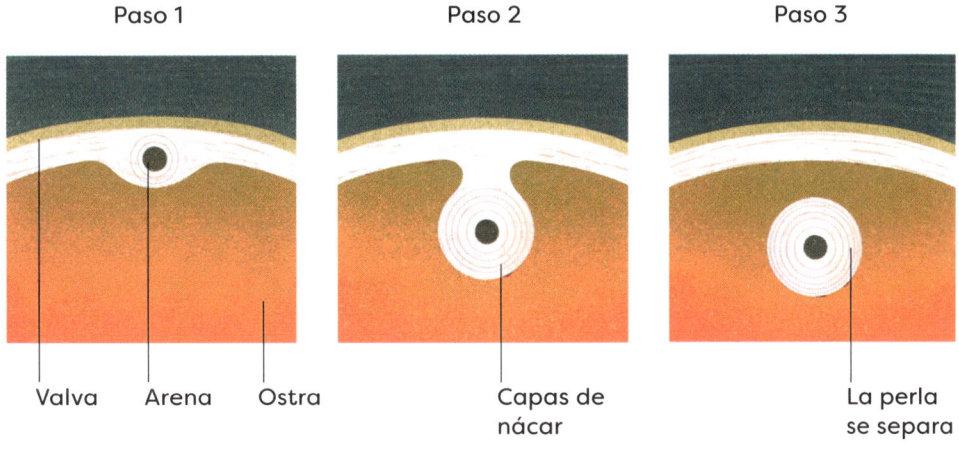

Paso 1

Valva · Arena · Ostra

Paso 2

Capas de nácar

Paso 3

La perla se separa

Formación de la perla
Si un grano de arena se mete en la valva de una ostra y se adhiere a su interior, la ostra lo va rodeando con capas de nácar. Las perlas pequeñas crecen en menos de un año, pero las grandes tardan varios años.

Pirita

El deslumbrante mineral llamado pirita a veces parece creado por una máquina.

En el pasado, muchos buscadores de tesoros quedaron engatusados por esta sustancia dorada. Al verla, pensaban que habían tenido un golpe de suerte y habían encontrado oro, pero luego se daban cuenta de su error. Lo que habían encontrado no era el valioso metal sino pirita, un mineral muy corriente que debe su color amarillento al azufre. Por eso la pirita se conoce también como «falso oro». Hay una forma muy sencilla de distinguir el oro de la pirita. Basta con rascar la superficie con un clavo de hierro. El oro auténtico es un metal blando, así que el clavo dejará un arañazo. Pero en la pirita, que es más dura, no dejará ninguna marca visible.

Este mineral brillante no tiene valor comparado con el oro, pero aun así ha desempeñado un importante papel en la historia de la humanidad. Si se golpea con una roca o cuchilla, saltan chispas. Durante miles de años, así es como los seres humanos hacían fuego. Gracias a la pirita, pudieron iluminar la oscuridad, calentarse, cocinar la comida y ahuyentar a los animales peligrosos.

Pirita
Este mineral, una combinación de hierro y azufre, puede encontrarse en todo el mundo.

Cristales en forma de cubo
Existen distintos tipos de pirita y cada uno tiene los cristales de una forma. En la variedad más corriente, los cristales son cubos de lados lisos. No es fácil encontrar cubos perfectos como estos en la naturaleza.

Cubo de pirita

Roca

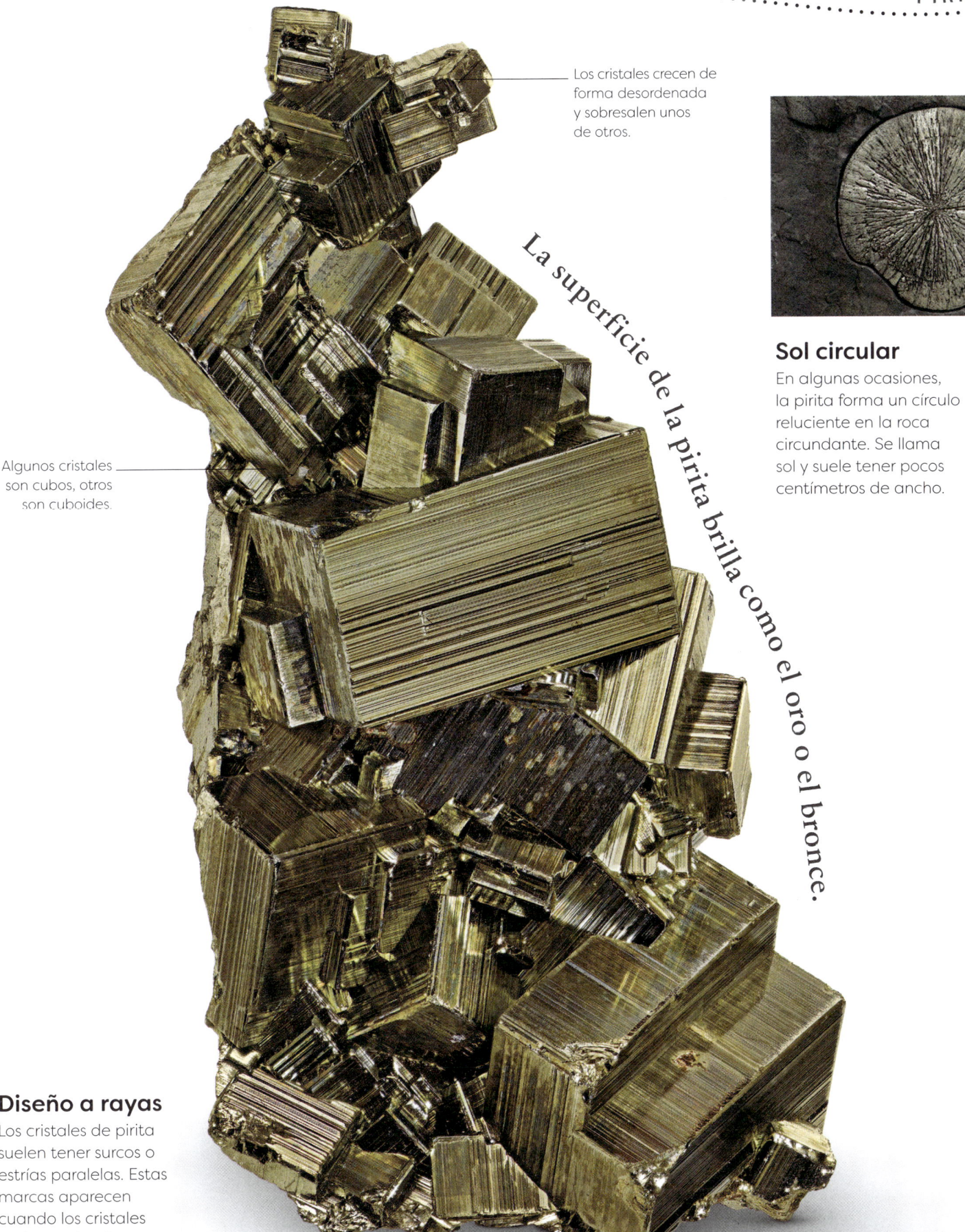

Los cristales crecen de forma desordenada y sobresalen unos de otros.

Algunos cristales son cubos, otros son cuboides.

La superficie de la pirita brilla como el oro o el bronce.

Sol circular

En algunas ocasiones, la pirita forma un círculo reluciente en la roca circundante. Se llama sol y suele tener pocos centímetros de ancho.

Diseño a rayas

Los cristales de pirita suelen tener surcos o estrías paralelas. Estas marcas aparecen cuando los cristales están creciendo.

La malaquita suele combinar franjas verde oscuro y verde claro.

Malaquita

Este mineral de color verde intenso es una mena del cobre. Suele encontrarse en las masas redondeadas. Puede usarse para hacer cobre, pero este mineral se utiliza también en joyas y figuras.

Las motas rojas de la superficie de la hematita son manchas de óxido.

Hematita

Es un mineral gris brillante y una de las menas más importantes del hierro. La mena contiene tanto hierro que es un buen conductor de la electricidad.

¿Elemento o mineral?

Un elemento es la forma más simple de una sustancia y no puede dividirse en más componentes. El oro y otros muchos metales son elementos. Un mineral, como la malaquita, está formado por dos o más elementos.

Oro

Malaquita

Menas metálicas

Una mena es una roca o un mineral que contiene una sustancia útil, a menudo un metal como el cobre o el hierro. Los mineros trabajan duro buscando grandes acumulaciones, o vetas, subterráneas de estas menas. El color y la forma de las menas nos permiten saber los metales que contienen.

Esfalerita

Este mineral centelleante es una mena del zinc. Sus cristales tienen muchos lados planos, casi tan relucientes como un espejo. Además de zinc, la mena contiene hierro y azufre.

Scheelita

Este cristal naranja es un mineral complejo formado por dos metales, el calcio y el wolframio, y por oxígeno. La scheelita se usa para obtener tungsteno puro, que se utiliza en las bombillas.

Galena

Tiene el aspecto y el tacto de un metal puro, pero es mezcla de plomo y azufre. Además de usarse para hacer plomo, que se halla en las baterías de los coches, a veces es también una fuente de plata.

Bauxita

Esta roca es una importante mena del aluminio, un metal muy corriente, pero difícil de obtener en su forma pura. La bauxita tiene que fundirse y electrizarse para obtener el metal.

Acantita

Este extraño mineral, oscuro y blando, está repleto de plata. Su nombre procede del antiguo griego y significa «flecha», porque sus cristales suelen ser puntiagudos. Esta mena se encuentra en las grietas que se forman entre las rocas.

Casiterita

Estos hermosos cristales oscuros son una mena del estaño. Es una de las menas que se usaron primero. En las civilizaciones antiguas, el estaño se mezclaba con cobre para hacer bronce.

141

Combustible fósil

Dado que procede de plantas antiguas y que arde bien, lo llamamos combustible fósil. Cuando lo encendemos, reacciona con el oxígeno del aire y desprende calor intenso.

Dos texturas

El carbón tiene partes lisas y partes rugosas. Al moverlo, deja tras de sí una nube de fino polvo negro.

El carbón es frágil y se rompe fácilmente.

Su superficie es en parte brillante y en parte mate.

El carbón ha impulsado el mundo durante cientos de años.

Carbón

El carbón es una roca oscura que se formó a partir de los restos aplastados de plantas primitivas.

Hace más de 300 millones de años, cuando el planeta era un lugar cálido y húmedo, cnormes bosques pantanosos cubrían la tierra. Había helechos enormes y curiosas plantas más altas que un edificio de 10 plantas. Insectos gigantes zumbaban por el aire tropical. Todavía no existían los animales grandes ni mucho menos los dinosaurios, que aparecieron mucho más tarde. Esta época se conoce como período Carbonífero. Las plantas de este período, que se fosilizaron y se transformaron en roca, son el origen del carbón.

Los pedazos de carbón están llenos de energía y pueden quemarse para producir fuego. Pero el carbón se encuentra bajo tierra, entre capas de otros tipos de roca, así que para llegar a él hay que excavar minas. A principios del siglo XVIII, empezaron a extraerse grandes cantidades de carbón para proporcionar combustible a las fábricas, hacer funcionar máquinas y calentar las casas, y más adelante para generar electricidad en las centrales eléctricas. Cuesta creer que la industria moderna naciera gracias a una simple roca. Pero el carbón puede ser perjudicial. La combustión del carbón contamina el aire y libera dióxido de carbono, que contribuye al cambio climático.

Lepidodendron
(*Lepidodendron*)

Los restos de distintas plantas sobreviven en forma de carbón, entre ellos los *Lepidodendron*, unos organismos enormes que fueron de las primeras plantas altas que hubo en la Tierra.

Tiempo

Lepidodendron

Las plantas fueron quedando sepultadas

Carbón

Formación del carbón

En el Carbonífero, las plantas de los bosques pantanosos morían y se descomponían en el suelo húmedo. Luego fueron a parar sobre ellas más plantas en descomposición. El sedimento y el terreno quedaron sepultados bajo los restos vegetales, y durante millones de años se fueron prensando hasta transformarse en carbón.

La mayoría de los caparazones marinos son del mismo material que la caliza.

Muchas capas

La caliza se encuentra bajo el suelo. En su mayor parte se formó hace unos 80 millones de años. Hoy se halla en forma de gruesas franjas blancas junto a capas de otras rocas.

La caliza es toda del mismo color y no se ven cristales minerales en su interior.

Roca quebradiza

La caliza es blanca grisácea. Si la presionas con los dedos se desprenderán pequeños fragmentos.

La caliza sólida está llena de agujeros diminutos, que absorben el agua.

Caliza

Esta roca blanda y quebradiza está compuesta de esqueletos y caparazones de diminutas criaturas marinas.

La caliza es una roca blanca muy corriente con un sorprendente pasado. Se formó muy por debajo del lecho marino hace millones de años y mucho tiempo después fue impulsada hasta la superficie. Pero lo más insólito no es su antigüedad, sino de dónde procede. El principal componente de la caliza es el carbonato de calcio, que la naturaleza produce de muchas formas. Por ejemplo, es el mineral que se encuentra en el interior de los caparazones de animales como las almejas y los caracoles. También se halla en el esqueleto de determinados seres vivos marinos minúsculos, demasiado pequeños como para poder verlos sin un microscopio. ¡Pero al morir e ir al fondo del mar, sus esqueletos pueden acabar amontonados y transformarse en caliza!

La caliza es blanda y si se usa para rascar una superficie más dura, deja un trazo blanco. Antiguamente, se usaba caliza natural para escribir y dibujar. También se usa para hacer cemento y se añade a la tierra para favorecer el crecimiento de determinadas plantas.

Caliza

La caliza abunda en los acantilados que hay junto a la costa, especialmente en Inglaterra y Francia.

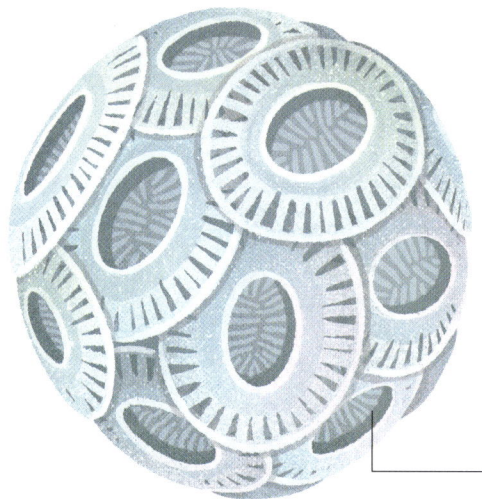

Su esqueleto está formado por placas superpuestas.

Productor de caliza

Los organismos diminutos que producen la caliza son un tipo de algas llamadas cocolitóforos. Tienen un esqueleto externo duro hecho de placas de carbonato de calcio. Estas formas de vida eran mucho más comunes cuando existían los dinosaurios y sus restos crearon la caliza que vemos hoy.

Sílex

Esta piedra oscura y vidriosa se usaba en Edad de Piedra para cortar y rebanar.

El sílex a menudo se encuentra oculto. Parece una piedra redondeada con las caras lisas de color amarillo claro. Pero si se parte, muestra sus entrañas oscuras y brillantes. Esta roca está compuesta de cuarzo, un mineral natural compuesto de silicio y oxígeno. El cuarzo es muy corriente, la mayor parte de la arena del planeta está compuesta de pequeños cristales de cuarzo transparentes. Los hay de distintos colores y sus cristales pueden adoptar formas diversas. Pero el cuarzo del sílex tiene un aspecto muy distinto. No contiene cristales en su interior. Es un mineral oscuro, liso y brillante, que se parece un poco al cristal. Y como ocurre con el cristal, cuando el sílex se rompe, los trocitos son siempre muy afilados y con los cantos curvos.

Los humanos primitivos, hace al menos unos 3 millones de años, aprendieron a partir trozos de sílex para hacer hachas de piedra y otras herramientas útiles para cortar los alimentos. Este período se conoce como Edad de Piedra porque nuestros ancestros confeccionaban utensilios con rocas.

Sílex

El sílex se forma cuando partículas de cuarzo quedan atrapadas dentro de la piedra caliza. Allí, con el paso de millones de años se van aplastando y forman la piedra dura y redondeada.

Puntas de flecha

Las puntas de flecha de sílex se hacen mediante un proceso llamado retoque por presión. El artesano usa otra piedra para ir retirando pequeñas lascas de sílex con mucho cuidado, hasta obtener una forma puntiaguda y afilada. Hace falta mucha habilidad. ¡Un paso en falso y la punta de flecha se parte en dos!

Punta roma

Punta afilada

¿Es sílex?

El sílex puede ser negro, gris oscuro o claro, y marrón. Pero no es transparente como el vidrio volcánico.

Una capa de sílex más claro recubre el interior de la roca.

Los bordes rotos no son rectos, sino ondulados.

El sílex se usaba para hacer flechas, hachas y rascadores.

¿Piedra mágica?

Algunos bloques de sílex presentan agujeros naturales. Según la leyenda, estos agujeros conducen a un reino encantado.

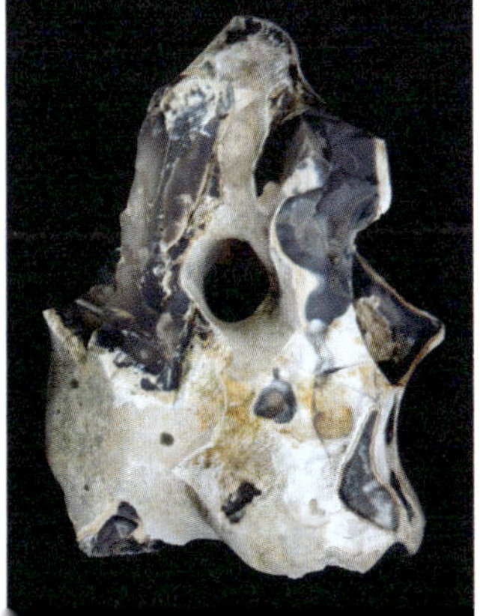

El sílex se rompe en trozos afilados.

147

Allí donde la roca es más fina, es más transparente.

La obsidiana tiene la superficie vidriosa y brillante.

Burbujas de gas

A veces la obsidiana presenta burbujas, que se formaron a causa del gas caliente que burbujeaba en la lava.

Filo cortante

Cuando se rompe, la obsidiana suele hacerse añicos. A veces se parte a propósito para lograr un borde tan afilado como una cuchilla.

Las líneas de rotura son curvas y no rectas como en otras rocas.

Obsidiana

Esta maravilla de la naturaleza es muy negra y es la roca más lisa que existe.

Las erupciones volcánicas son violentas y aterradoras, pero además de causar una inmensa destrucción, también pueden formar nuevos paisajes, producir terreno fértil y originar hermosas rocas. Una de estas rocas es la obsidiana, que solo se forma en determinadas condiciones. Se origina cuando la lava se enfría rápidamente, pero solo si se trata de un volcán terrestre, nunca si es submarino. Es una roca distinta a todas las demás. De hecho, se parece más al vidrio y por eso suele denominarse vidrio volcánico.

Como el vidrio, la obsidiana se rompe fácilmente dejando un filo cortante. Los humanos primitivos se dieron cuenta de ello y usaban este material para hacer cuchillos y puntas de flecha. Las cuchillas de obsidiana seguían afiladas durante mucho tiempo. Más adelante, se empleó en todo el mundo para confeccionar joyas y otros objetos decorativos. En el antiguo Egipto, se usó para hacer los ojos de la máscara funeraria del faraón Tutankamón. Los aztecas de México asociaban la obsidiana con los dioses. La pulían para hacer espejos negros, que según ellos eran mágicos y permitían ver otros mundos.

Obsidiana nevada

La obsidiana se encuentra en tierra firme, allí donde hay volcanes. A veces presenta manchas blancas, llamadas esferulitas. Están compuestas por un mineral llamado cristobalita.

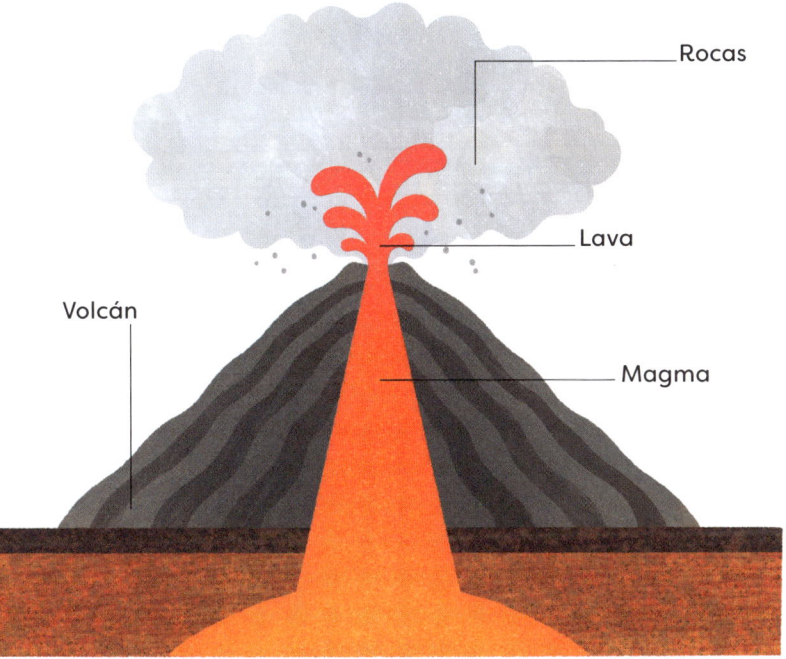

Rocas

Lava

Volcán

Magma

Origen ardiente

La lava que sale de un volcán puede alcanzar los 1200 °C. Si se enfría y se endurece rápidamente, no da tiempo a que se formen cristales. Entonces se transforma en la sustancia que denominamos vidrio volcánico, u obsidiana.

149

Rocas volcánicas

En el interior de la Tierra hay una gran actividad volcánica, que origina interesantes rocas. Algunas se forman a gran profundidad bajo tierra, a partir de la roca fundida llamada magma, que está increíblemente caliente. El resto se forman en la superficie, cuando la lava igualmente caliente sale de los volcanes.

Pumita

Esta roca se forma a partir de la lava. Está llena de agujeros hechos por las burbujas de gas, así que es muy liviana y áspera. Es la única roca que flota.

Cabellos de Pele

A veces salen del volcán hebras de lava que se alargan en el aire. El resultado es esta roca fibrosa que se parece al pelo humano. Pele es la diosa hawaiana de los volcanes.

Riolita

Esta insólita roca rosa se formó al enfriarse la lava en la superficie de la Tierra. También puede ser gris. A veces la roca presenta gemas o cristales brillantes.

Diorita

Las zonas claras y oscuras de esta roca se deben a distintos minerales. Hace unos 4000-6000 años, durante la Edad de Piedra, se hacían cabezas de hacha con ella. La diorita se parece mucho al granito.

Granito

El granito tiene un aspecto heterogéneo porque contiene varios minerales. Es duro y resistente, así que se ha usado desde tiempos remotos para construir todo tipo de edificaciones, desde castillos hasta catedrales.

Basalto

El basalto es una roca negra que se forma al enfriarse la lava. Es una de las rocas más comunes en la Tierra y conforma la mayor parte del suelo oceánico. También está presente en Marte.

Pegmatita

En esta hermosa roca pueden encontrarse muchas piedras preciosas, entre ellas esmeraldas verdes y topacios amarillos y rosas. También contiene muchos minerales que forman grandes cristales.

Andesita

Esta roca oscura sale de los volcanes y también puede crearlos. Debe su nombre a la cordillera de los Andes, en Sudamérica, donde hay muchos volcanes activos.

Tipos de roca

Las rocas se clasifican según su proceso de formación. Las rocas ígneas se forman cuando la lava y el magma calientes se enfrían y se vuelven sólidos. Las rocas sedimentarias se forman a partir de capas de materiales vertidos por los ríos. Las rocas metamórficas se forman por calor o presión extremos.

Ígneas

Sedimentarias

Metamórficas

Erupción volcánica

Cuando un volcán entra en erupción, arroja nubes de
humo, ceniza y gases tóxicos, y lanza rocas a gran altura.
Ríos de lava al rojo vivo descienden por sus laderas.
Cuando el aire o el agua enfrían la superficie de la lava,
esta forma una corteza oscura de roca volcánica.

Estos fósiles también se conocen como madera arcoíris.

Transformado en piedra

Esta madera tardó miles de años en petrificarse. El agua mezclada con los minerales se fue filtrando en el tronco y formando cristales.

Los anillos de crecimiento son aún visibles en la madera fosilizada.

Puede verse una capa de corteza petrificada alrededor del tronco.

Anillos de crecimiento

Los troncos tienen anillos claros y oscuros en su interior. La madera oscura suele crecer en invierno, así que el número de anillos indica la edad del árbol.

Madera petrificada

A veces la madera antigua se transforma en una piedra repleta de vivos colores.

La palabra *petrificada* significa «convertida en piedra». Esta roca circular formó parte de un árbol vivo hace unos 225 millones de años. Cuando el árbol murió, el tronco cayó al suelo y quedó cubierto por una gruesa capa de barro pastoso. Normalmente, la madera muerta se descompone y se transforma en astillas y polvo, pero este tronco quedó protegido por el barro y no se descompuso ni desapareció. ¡Poco a poco, la madera fue sustituida por minerales de vivos colores hasta convertirse en una roca sólida!

Esta sección de tronco perteneció a una araucaria y se encontró en el sudoeste de Estados Unidos, donde se petrificó un bosque entero. Se petrificó la araucaria junto con otras muchas plantas y animales. El bosque estuvo vivo en un pasado lejano, durante un lapso de tiempo llamado período Triásico, durante el que aparecieron los primeros dinosaurios. Por aquel entonces, todos los continentes actuales formaban un único supercontinente llamado Pangea y la mayor parte del suelo estaba cubierto por densos bosques de enormes coníferas como esta.

Araucaria
(*Araucarioxylon*)
Este árbol era una conífera perenne que medía unos 60 m de alto. Sus parientes modernos viven sobre todo en Oceanía y América del Sur.

Colores minerales
La madera petrificada es mucho más colorida que la madera viva. Sus increíbles colores proceden de distintos minerales que formaron cristales centelleantes mientras la madera se transformaba en piedra. El color de cada cristal se asocia a uno de los minerales o sustancias que contiene.

Hierro

Hierro, uranio

Cromo, cobre, hierro

Cobre, hierro

Cuarzo

Carbono, manganeso

155

Fósil

Una caracola marina de roca puede mostrarnos cómo era la vida hace millones de años.

Aunque se parezca a cualquier caracola que podamos encontrar hoy en la arena de la playa, esta hermosa espiral perteneció a una amonita, un pariente ancestral de los actuales calamares y pulpos. Hace millones de años, el océano albergaba muchos tipos de amonitas. En tierra firme reinaban los colosales dinosaurios, mientras que los amos del cielo era los reptiles voladores conocidos como pterosaurios. Todos estos animales han desaparecido. Se extinguieron hace unos 66 millones de años. Entonces, ¿cómo sabemos que existieron?

Todo lo que sabemos sobre las amonitas y otras formas de vida prehistóricas es gracias a fósiles como este. Un fósil es cualquier resto de un ser vivo que murió hace mucho tiempo. Generalmente lo que sobrevive son las partes duras, como los huesos, la caracola o el tronco. Si quedaron rápidamente sepultadas, dichas partes se transforman poco a poco en piedra, conservando su forma original. Los expertos en fósiles, llamados paleontólogos, estudian los fósiles para averiguar cómo vivían los animales o plantas que los formaron.

Amonita
(*Speetoniceras*)

Esta amonita vivió hace unos 120 millones de años. Se desplazaba nadando por el mar y agarraba la comida con los tentáculos.

Formación de los fósiles

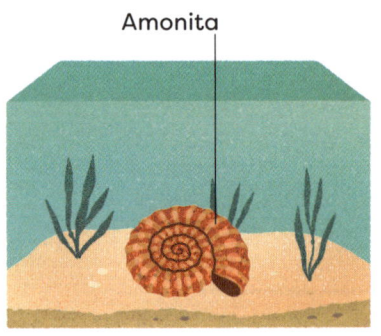

1. Al morir, la amonita iba a parar al fondo del océano. Las partes blandas de su cuerpo se descomponían, quedando solo la caracola.

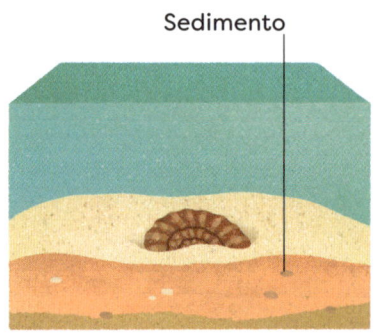

2. La caracola quedaba sepultada en la arena y el barro, o el sedimento. Al añadirse más capas encima, el sedimento se transformaba en piedra.

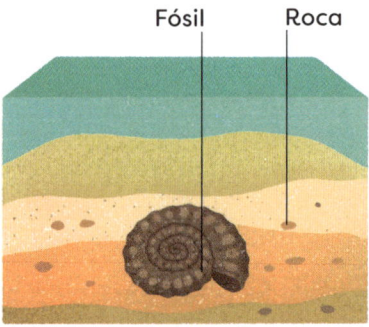

3. Los minerales del sedimento formaban cristales que iban reemplazando los materiales originales. Tras millones de años, la caracola era de piedra.

Casa en espiral

La caracola de la amonita crecía por secciones, o cámaras: la nueva siempre era un poco más grande que la anterior. La criatura vivía en la cámara más grande.

Su caracola se enrolla en espiral y presenta crestas abultadas en la superficie.

Las amonitas más grandes tenían 2 m de diámetro.

Las líneas fruncidas entre cámara y cámara se llaman suturas.

Debe su coloración a los minerales.

Cámaras enroscadas

Si cortamos la caracola por la mitad, vemos que contenía cámaras huecas. Cuando estaba viva, se llenaban o vaciaban de agua para que pudiera flotar o sumergirse.

Fósiles

Algunos animales y plantas que murieron hace mucho dejaron tras de sí restos llamados fósiles. Son recordatorios rocosos de formas de vida primitivas que existieron en un pasado remoto. El estudio de los fósiles nos permite retroceder en el tiempo, a un mundo muy distinto al actual.

Coprolito

Parecen heces fosilizadas y eso es justo lo que son. El excremento de piedra sólida nos permite saber lo que comía el animal.

Belemnita

Esta piedra afilada en forma de lengua es el caparazón interno fosilizado de una criatura parecida al calamar, llamada belemnita. El fósil se ha transformado en ópalo.

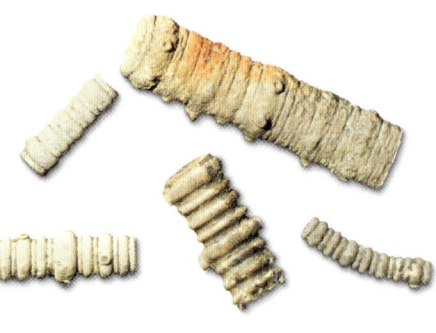

Crinoideo

Estos tubos estriados son partes del tallo de unas criaturas marinas llamadas crinoideos, o lirios de mar. Son parientes de la estrella y el erizo de mar, y algunos siguen existiendo en la actualidad.

Trilobites

Es un pariente primitivo de los insectos, los cangrejos y las arañas actuales. Vivía en el fondo del mar hace más de 250 millones de años y los había de muchos tipos.

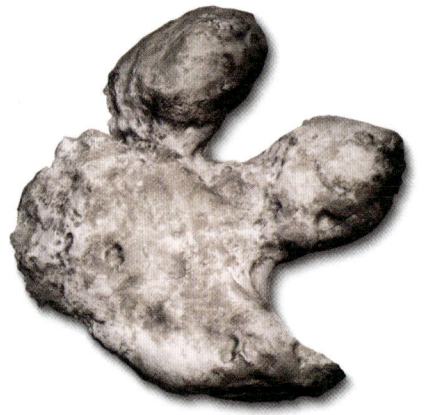

Pisada de Iguanodon

Es la pisada de un dinosaurio llamado Iguanodon, que quedó impresa en el barro hace 120 millones de años. La huella se preservó y permite saber cómo andaba este dinosaurio.

Fronda de helecho arbóreo

Los helechos arbóreos parecen árboles con un helecho en la parte superior. Esta fronda quedó enterrada bajo el barro hace millones de años y dejó una impresión de sus ramas y sus hojas.

Cráneo de Albertosaur

El Albertosaurus medía 10 m de alto y usaba sus enormes dientes curvados para desgarrar a sus presas.

El cráneo mide 1 m de largo.

Los dientes tenían el borde de sierra.

Rastro fósil

Fósil corporal

Tipos de fósiles

Los fósiles son los restos o rastros preservados de formas de vida del pasado. La mayoría de los fósiles están formados por partes duras del cuerpo, como huesos, madera y caparazones. Las huellas dejadas atrás, como una pisada o una madriguera, son rastros fósiles.

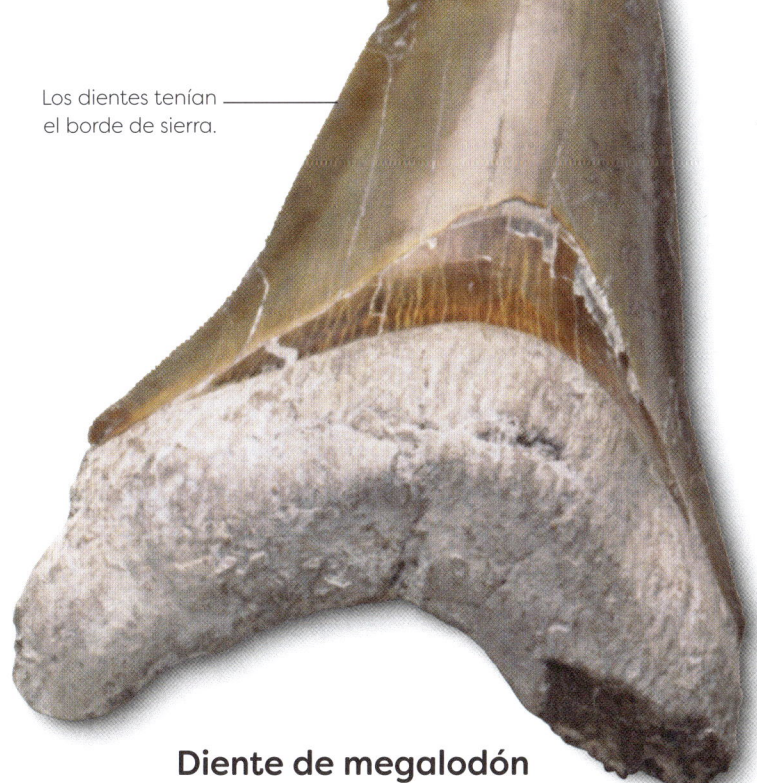

Diente de megalodón

Este diente de 18 cm pertenecía al tiburón más grande que ha existido jamás. El megalodón medía 20 m de largo y cazaba ballenas. Existió hace entre 20 y 4 millones de años.

Fulgurita

Cuando un rayo cae al suelo, puede transformar la arena y la piedra en singulares esculturas.

Un rayo es un tipo de electricidad que se produce en las nubes de tormenta. Es una de las fuerzas más poderosas de la Tierra. Cuando un rayo rasga el cielo, sobrecalienta el aire hasta que está varias veces más caliente que la superficie del sol. Si alcanza un árbol, puede hacer hervir el agua de su interior, lo que hace que el árbol explote. A veces un rayo prende fuego a un prado o un bosque, y las llamas pueden extenderse varios kilómetros. Pero de vez en cuando, en vez de ser destructivo, el rayo crea un objeto, que se conoce como fulgurita.

Este extraño objeto parece una rama o un tubo pétreo. Su nombre viene de la palabra latina *fulgur*, que significa «relámpago». Se forma en el lugar preciso en el que el rayo perfora el suelo, haciendo que se fusionen los materiales que toca. Se dice que un rayo no cae dos veces en el mismo sitio. ¿Dónde debes mirar si quieres encontrar una fulgurita? Las playas de arena y las montañas son lugares apropiados, pero incluso en estos sitios hay que tener mucha suerte para encontrarla. ¡Las fulguritas se forman solo muy esporádicamente!

Rayo
Cuando cae un rayo, una corriente eléctrica enorme fluye hacia la Tierra. ¡La temperatura del aire que rodea el rayo puede alcanzar los 30.000 °C!

Túneles tortuosos
Los orificios de la fulgurita muestran los puntos por donde el rayo penetró en el suelo. Cada ramificación del rayo crea un tubo.

El orificio que hay en un extremo muestra el punto donde el rayo tocó el suelo.

Tormenta

Arena

Vidrio fundido

Formación de la fulgurita

La mayoría de las fulguritas se forman en zonas donde hay arena o arenisca. La arena está compuesta básicamente por un material llamado sílice. Cuando un rayo cae sobre el sílice, se funde formando vidrio de sílice, que es el principal componente de las fulguritas.

La superficie es rugosa y granulada.

El tubo está compuesto de arena, piedras y otros residuos.

De cualquier cosa

Por dentro la fulgurita es lisa y vidriosa, pero por fuera es áspera y rugosa. Puede contener cualquier material que se haya mezclado con la tierra.

Condrita

En esta clase de meteoritos rocosos, los científicos han hallado las sustancias químicas que son necesarias para la vida. Resulta excitante porque muestra que estos materiales no solo se encuentran en la Tierra.

Este meteorito parece que lleva incrustados trozos de vidrio, pero son los cristales del olivino.

Estrella fugaz

Cuando la roca espacial entra en la atmósfera de la Tierra, se calienta a más de 1500 °C y estalla en bolas de fuego llamadas estrellas fugaces.

Brillo metálico

Este trozo de meteorito ha sido pulido para exponerlo. Su brillo procede de los metales que contiene, entre ellos el hierro y el níquel.

Meteorito

Estas rocas espaciales nos dan datos sobre la formación de la Tierra y el origen de la vida.

La Tierra viaja por el espacio a 30 000 m/s. Mientras se desplaza a toda velocidad, choca con millones de fragmentos de roca y polvo que flotan por el espacio. La gran mayoría se desintegran en la atmósfera, pero unos pocos llegan al suelo de nuestro planeta. Son los meteoritos, fragmentos de piedra o metal, o una mezcla de ambos. Lo que vemos es solo el interior, pues la capa externa se derrite al caer. Los meteoritos suelen pesar menos de 1 kg. Los más grandes pueden dejar enormes socavones llamados cráteres. ¡Por suerte son poco frecuentes!

¿De dónde salen los meteoritos? Han llegado un puñado procedentes de la Luna o Marte, y el resto son de otras partes del sistema solar. Todos ellos son increíblemente antiguos. La mayoría se formaron hace unos 4.500 millones de años, a la vez que la Tierra, así que pueden darnos información sobre la formación de nuestro mundo. Los meteoritos pueden contener agua y las sustancias químicas básicas de las que están hechos los seres vivos. Es posible que lleven los ingredientes esenciales que hicieron posible la vida en la Tierra.

Textura vidriosa

Color verde

Olivino

Componentes de un meteorito

El olivino es un mineral verde que suele encontrarse en los meteoritos. Muchos meteoritos están repletos de hierro o de minerales que contienen silicio. Los meteoritos contienen otras sustancias, como oro, platino y todo tipo de piedras preciosas, como los diamantes.

163

CAPÍTULO 4

Origen natural

Algunos de los objetos naturales más curiosos no forman parte de un animal o una planta, ni tampoco de un mineral. Son objetos creados por un animal, como los nidos que construyen los pájaros, y están hechos con todo tipo de materiales. Otros objetos los producen los animales a partir de sustancias de lo más curiosas, algunas de las cuales llevan mucho tiempo siendo un absoluto misterio para los humanos.

Panal de abejas

Las abejas melíferas construyen colmenas con panales de estructura hexagonal.

Enjambres de abejas melíferas zumban alrededor de su nido en un viejo manzano. Cuando alcanza su tamaño máximo, la colonia alberga 50.000 abejas obreras hembra, gobernadas por una única reina. Las obreras más viejas entran y salen para visitar las flores o regresar con montones de polen y néctar. Las más jóvenes se quedan en la colmena, donde realizan distintas tareas. Una de sus tareas más importantes consiste en construir el panal.

Las abejas construyen fila tras fila de celdas idénticas. Esculpen las paredes de la celda con la cera que segregan con unas glándulas que tienen cerca del extremo del cuerpo. Para producir la cera, se atiborran de la miel almacenada en el nido. Hace falta 1 kg de miel para producir 55 g de panal. Las celdas tienen seis lados, es decir, son hexagonales, lo que permite encajarlas sin desperdiciar nada de espacio. Las celdas se usan como criaderos para las crías y como despensa para guardar la comida de la colonia.

Abeja melífera
(*Apis mellifera*)
La abeja melífera está en todo el mundo. Las colonias silvestres anidan en árboles huecos y en grietas de rocas, mientras que las domésticas viven en colmenas construidas por el hombre.

Interior del nido
En un nido silvestre, los panales suelen ser más bien ovalados. Cuelgan uno al lado del otro dejando espacio para que fluya el aire y para que las abejas puedan moverse alrededor del nido.

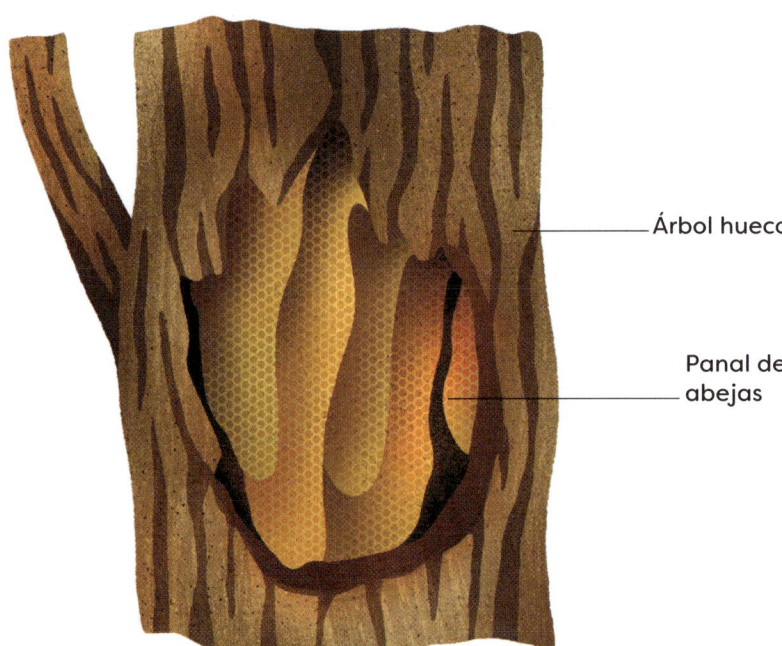

Árbol hueco

Panal de abejas

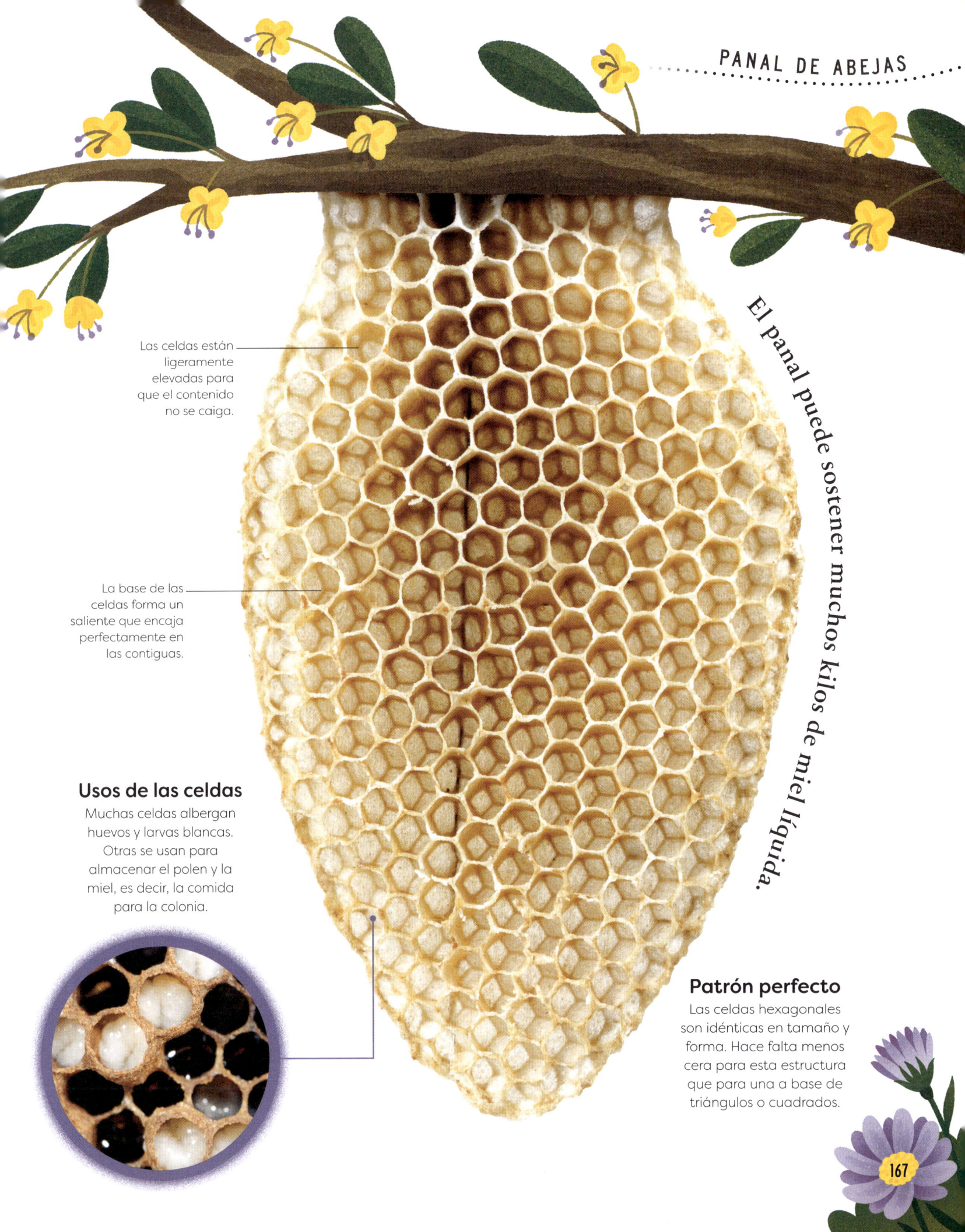

El panal puede sostener muchos kilos de miel líquida.

Las celdas están ligeramente elevadas para que el contenido no se caiga.

La base de las celdas forma un saliente que encaja perfectamente en las contiguas.

Usos de las celdas

Muchas celdas albergan huevos y larvas blancas. Otras se usan para almacenar el polen y la miel, es decir, la comida para la colonia.

Patrón perfecto

Las celdas hexagonales son idénticas en tamaño y forma. Hace falta menos cera para esta estructura que para una a base de triángulos o cuadrados.

167

Recogida de material

El musgo y la hierba son los materiales preferidos por los pinzones para construir el nido. Las ramitas le dan resistencia, las plumas calidez y las telarañas lo mantienen todo unido.

Distintas tareas

Un pinzón suele tardar alrededor de una semana en construir el nido. La mayor parte del trabajo lo hace la hembra, mientras el macho defiende el territorio.

El interior está cubierto de plumas, pelo y hierba seca, para darle calidez.

La hembra del pinzón hace unos 1300 viajes en busca de material para el nido.

Añaden liquen en la parte exterior del nido para camuflarlo entre las hojas.

Nido de ave cantora

El nido de un pájaro es una obra diseñada con ingenio para albergar los huevos y los polluelos.

¡Imagínate que tuvieras que construir un nido sin usar las manos! Pues es justo lo que hacen los pájaros, que solo disponen del pico y los pies. Es toda una proeza. Las aves cantoras incluyen miles de especies en todo el mundo, desde los colibríes y las golondrinas hasta los petirrojos, los pinzones y los cuervos, y cada una de ellas tiene su propio tipo de nido.

Lo construyen por puro instinto y también gracias al instinto saben cómo deben diseñarlo. Es decir, que el pájaro nace con ese conocimiento grabado en el cerebro. No necesita ningún plano. Aun así, mejora con la práctica y aprende de sus errores. Introduce cambios si algo no funciona, por ejemplo, añadiendo más o menos cantidad de un cierto material.

Los pinzones, como otras muchas aves cantoras, construyen un nido circular en forma de copa, oculto entre las hojas de un arbusto o un árbol. Primero la hembra construye la base. Luego hace los laterales y entrelaza briznas de hierba para darle forma. Para que quede perfecto, se sienta en el nido y gira en círculo.

Pinzón vulgar

(*Fringilla coelebs*)

Suelen verse en jardines, parques y bosques de Europa y Asia occidental. Los machos tienen la cara y el abdomen naranjas, pero las hembras son marrones.

Polluelos

Madre

Nido

Hogar temporal

Un pinzón hembra pone cuatro o cinco huevos en el nido y los incuba durante 12 días. Solo ella alimenta a los polluelos, a los que lleva orugas hasta ocho veces por hora. A los 16 días de haber eclosionado, los polluelos alzan el vuelo y ya no vuelven más al nido.

Hornero común

Este pájaro confecciona un nido en forma de bola con barro o arcilla, que al secarse al sol se pone duro como una piedra.

En uno de los lados hay una entrada estrecha.

Las briznas de hierba se entrelazan y se anudan.

Tejedor enmascarado

El macho entrelaza briznas de hierba formando un tubo o globo con una cámara en el interior. Cuelga el nido del extremo de una rama fina y curvada para que los depredadores no puedan alcanzarlo.

Hojas

Lana

Seda de araña

Ramas

Barro

Materiales

Los pájaros suelen usar los materiales naturales que más abundan en su hábitat, como musgo, hierba y plumas, para construir el nido. Algunos materiales los escogen por su forma o resistencia, otros porque proporcionan calidez y sirven como pegamento. La mayoría de los nidos contienen varios tipos.

Nidos de pájaro

¡Los pájaros son grandes arquitectos capaces de construir un nido casi con cualquier cosa, como el barro y la saliva! Algunos utilizan los materiales de formas muy ingeniosas. Por ejemplo, el herrerillo común añade al nido unas hojas de olor intenso que impiden que crezcan las bacterias y el estornino europeo le añade unas hierbas que repelen los insectos.

Mito

Este nido es increíblemente elástico porque contiene mucho musgo y seda de araña. El nido se expande a medida que los polluelos crecen.

Salangana linchi

¡Varias salanganas usan su saliva para hacer el nido, pero esta especie no usa nada más! Pega el nido en las cuevas de los bosques tropicales del sudeste asiático.

Carricero común

Estas aves viven en los humedales entre los tupidos juncos. Colocan el nido entre los tallos de junco de modo que quede colgado sobre el agua.

Águila pescadora

Las aves de presa, como el águila pescadora, construyen una enorme plataforma hecha con ramas. Estas águilas usan el mismo nido todos los años.

Zorzal común

Este zorzal añade una capa lisa de barro en el interior del nido. La hembra se sienta en el nido para darle forma de copa.

Avión común

El avión común hace el nido bajo las cornisas. Realiza más de 1000 viajes con el pico lleno de barro, que al secarse queda duro como el cemento.

Los nidos de papel son impermeables, ligeros y resistentes.

Reina constructora

Esta reina de avispa de papel europea empieza a construir el nido. Al principio no tiene pared exterior y se ven las celdas que albergarán a las primeras larvas.

El nido se fija a una rama y se construye a su alrededor.

El papel usado para confeccionar el nido es marrón grisáceo.

Pinchos punzantes

Un nido como este tiene varios cientos de pinchos. Ayudan a liberar el calor del nido y evitan que se caliente en exceso.

Una entrada pequeña es más fácil de proteger de los depredadores.

Nido de la avispa de papel

La avispa de papel es un insecto social que construye palacios de papel, que va ampliando a medida que la colonia crece.

Trabajan en equipo para construir nidos que comparados con ellas son enormes. La avispa reina empieza el proceso de construcción ella sola y luego sus muchas hijas, o avispas obreras, toman el relevo. Para hacer el nido solo usan papel. Utilizan su mandíbula en forma de tijera para cortar tiras de madera que luego mastican. La madera se mezcla con la saliva formando una pasta, que al secarse se endurece. Su precioso nido de papel sirve de criadero, de almacén de comida y de fortaleza, todo en uno. Cada especie de avispa papelera diseña el nido de un modo concreto. Suelen tener forma de cilindro, esfera, óvalo, campana o pirámide invertida. Su superficie suele ser rugosa, aunque algunos son lisos o tienen pinchos. A medida que la colonia crece, el nido se amplía. Puede llegar a albergar a 30 000 obreras.

Avispa de papel
(*Polybia scutellaris*)
Existen muchas clases de avispas de papel. Esta especie de Sudáfrica construye un nido con pinchos y lo llena de miel.

Interior del nido

Un nido contiene cientos o miles de celdas hexagonales. Cada celda alberga un huevo o larva. Las celdas están dispuestas por niveles. Gracias a la ingeniosa estructura del nido, su temperatura no cambia nunca.

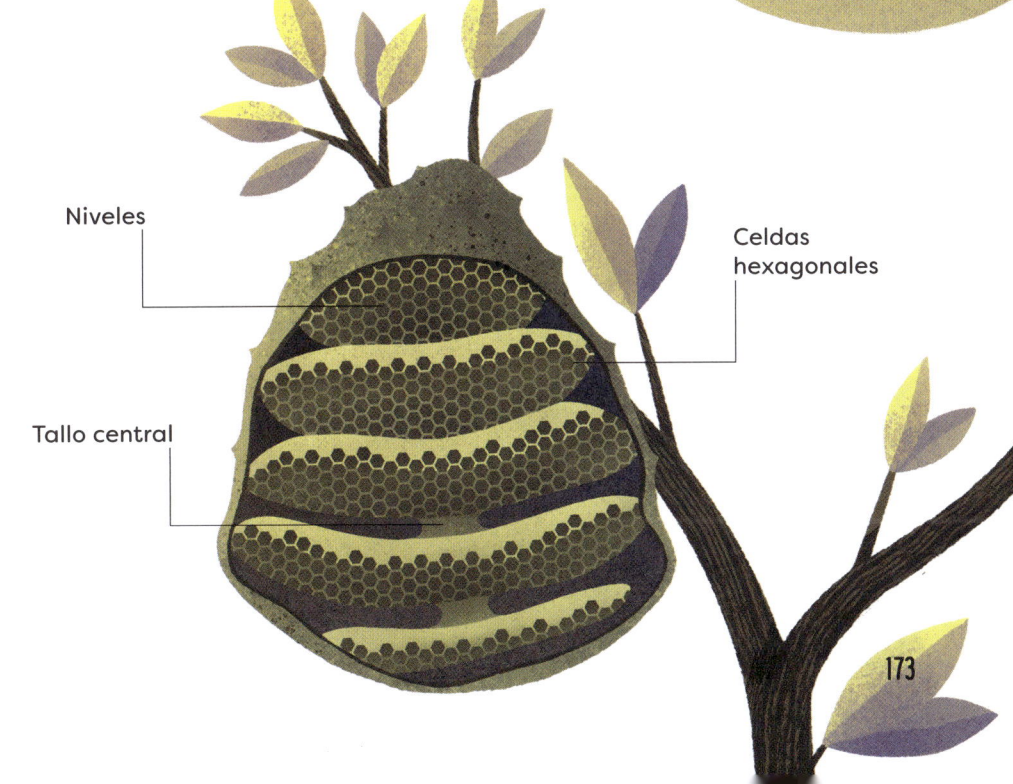

Niveles

Celdas hexagonales

Tallo central

Ánfora de la avispa alfarera

La hembra moldea el barro hasta construir un criadero para sus crías.

Muchas avispas construyen nidos de papel hechos con pulpa de madera, pero para ello hace falta mucha mano de obra. Las avispas que viven solas necesitan otro sistema. La hembra de la avispa alfarera puede construir un criadero ella sola, con barro de un charco o un río cercano. Vuela de un lado a otro llevándolo hasta un árbol o una roca, donde crea una estructura en forma de ánfora o vasija. Tiene la mandíbula larga y estrecha, ideal para esculpir el barro. Cuando el barro se seca se pone duro como una piedra, perfecto contra los depredadores y el mal tiempo. La hembra pone un huevo en el criadero y luego lo sella. ¿Qué comerá la cría cuando eclosione? ¡Su madre le ha dejado orugas para que se alimente!

Las avispas no son el único insecto que hace criaderos de barro. Las termitas construyen enormes termiteros altos como un edificio de tres pisos en las praderas tropicales de África, Oceanía y Sudamérica. Muy pocos depredadores pueden penetrar en esas fortalezas de barro.

Avispa alfarera
(*Eumeninae*)
No hay que temer a estas hermosas avispas ya que no suelen picar. Se encuentran por todo el hemisferio norte.

Interior del ánfora
El huevo eclosiona dentro del ánfora y de él sale una larva. Dentro de la misma cámara hay una oruga paralizada, o varias, para que pueda alimentarse. A salvo de cualquier peligro, la larva se alimenta día y noche, así que crece rápidamente.

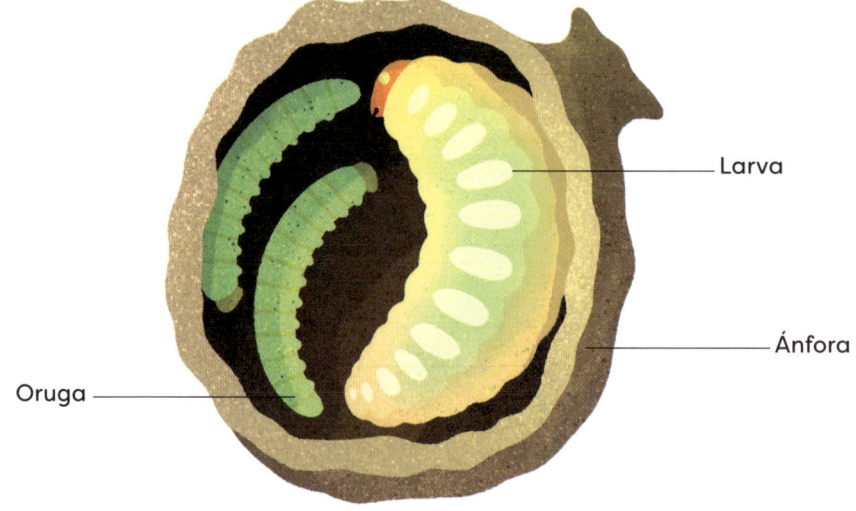

Larva

Ánfora

Oruga

La avispa alfarera es muy exigente con el tipo de barro que usa.

El nido tiene paredes circulares, base ancha y cuello estrecho.

Modelar el barro

El barro es fácil de reunir y moldear. Si está demasiado seco, la avispa lo humedece con su propia saliva.

Se las come vivas

El veneno de la avispa alfarera no mata a las orugas, sino que las paraliza. Así la larva tendrá carne fresca que comer.

La madre sella el ánfora con un poco de barro. Cuando está lista, la avispa lo rompe y sale.

175

Coloca cada pieza con la pericia de un albañil.

Muchos materiales

Algunas especies de tricóptero son más exigentes que otras con los materiales. Esta larva ha usado hojas para hacer su casa.

Recicla los caparazones vacíos pegándolos a su estuche.

Un surtido de semillas le da dureza.

Tubo hueco

El estuche mide unos centímetros de largo y tiene el grosor de un lápiz. Hay una entrada oculta en un extremo.

Estuche de tricóptero

La larva construye un refugio con materiales que encuentra en su hábitat de agua dulce.

Las larvas, o pupas, del tricóptero son como extrañas orugas submarinas. No destacan precisamente por su belleza, pero viven en unas casas preciosas. Se encuentran en el fondo de ríos, arroyos y charcas, donde buscan objetos como granos de arena o trozos diminutos de hojas y ramitas. Poco a poco, van reuniendo todo ese material alrededor de su cuerpo, hasta que terminan con una estructura parecida a un saco de dormir con todo tipo de adornos. Las larvas producen una seda pegajosa para que todo se mantenga unido entre sí. Algunas confeccionan el saco exclusivamente de seda. La mayoría de estos refugios son casas móviles que las larvas llevan consigo de un lado a otro. ¿Por qué se toman tantas molestias? El estuche les ofrece protección frente a los peces hambrientos y en los arroyos les sirve de coraza ante el embate de la corriente.

El trabajo de construcción nunca termina. Hay que reparar continuamente el estuche, y cuando se le queda pequeño, tiene que mudarse a otro más grande. Normalmente pasa por cinco casas en uno o dos años, hasta que está lista para abandonar definitivamente el agua y convertirse en un tricóptero adulto.

Limnefílido
(*Limnephilus*)
Los tricópteros adultos parecen polillas, pero con las alas peludas y las antenas más largas. Se hallan en todo el mundo.

Larva

Estuche

Caparazones

Vida de una larva
Las patas de la larva están justo detrás de su cabeza y su largo cuerpo está oculto en el estuche. Se asoma para buscar comida y nuevos materiales. Se agarra al estuche con las garras de la parte posterior.

Preciado botín

Las boñigas recientes apestan, así que son más fáciles de encontrar. Estos escarabajos se apresuran a lograr su parte antes de que otro se la lleve.

En las heces puede haber semillas, que el escarabajo ayuda a dispersar.

Enrollan las heces formando una bola.

Hora de cenar

Las larvas mascan las partes sólidas de los excrementos. ¡Los adultos sorben el líquido fétido como si fuera un batido de proteínas!

En las heces pueden verse trozos de plantas sin digerir.

Bola de escarabajo

Las porciones de excrementos en forma de bola son el alimento perfecto para este escarabajo.

Si no fuera por los escarabajos peloteros, el mundo estaría inundado de las heces apestosas que los animales van dejando por ahí. Se alimentan de los excrementos de muchas criaturas, incluidos pájaros, reptiles y caracoles, aunque la mayoría prefiere las heces de los animales que pastorean. Los herbívoros que pastan solo digieren a medias lo que comen, así que sus heces siguen conteniendo muchos nutrientes. A los pocos minutos de haber salido, el montoncito humeante atrae a los escarabajos peloteros, que lo almacenan como alimento para ellos o sus larvas. Algunas especies de escarabajo pelotero moldean las heces en forma de bola, para poder llevarla con más facilidad. Son increíblemente fuertes. ¡El escarabajo pelotero cornudo puede mover una bola 1000 veces más pesada que él!

El escarabajo pelotero es capaz de hacer rodar la bola en línea recta, a pesar de que no puede ver hacia dónde va. Es una proeza increíble para un insecto con un cerebro del tamaño de un grano de arena. Lo logra guiándose por la posición del Sol, la Luna y las estrellas.

Escarabajo pelotero no volador
(*Circellium bacchus*)
Este escarabajo pelotero originario de Sudáfrica puede medir 5 cm de largo. Le atraen las boñigas de los elefantes.

Sobre la bola

El escarabajo pelotero usa las patas delanteras para levantar el cuerpo del suelo y andar hacia atrás. Mientras tanto, el segundo y tercer par de patas agarran la bola y la hacen rodar con cuidado.

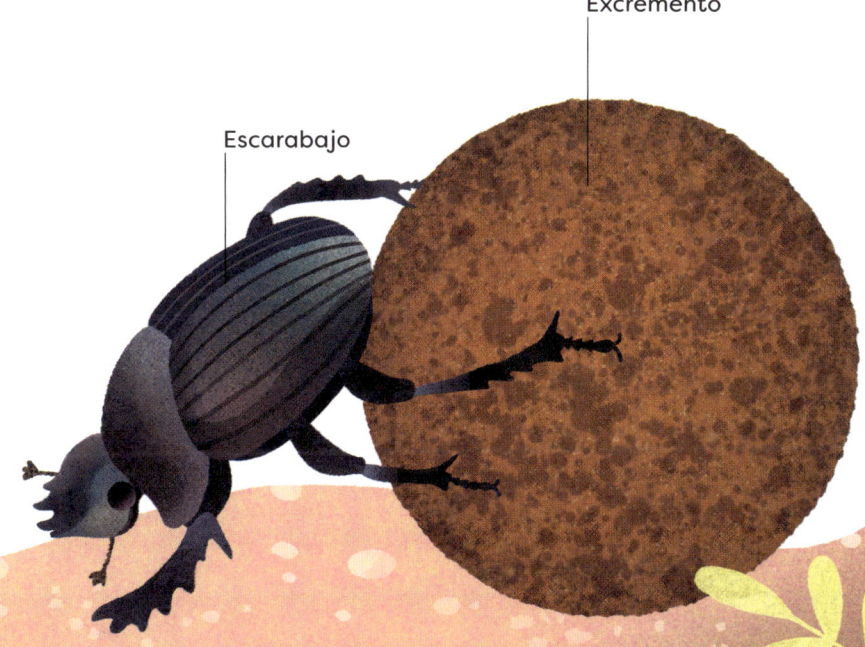

Excremento

Escarabajo

179

Lechuza común
(*Tyto alba*)
La lechuza común puede encontrarse en todas partes, excepto en la Antártida. Tiene la cara en forma de corazón y con las plumas blancas.

Pellet de búho

Los búhos vomitan todo aquello que no pueden digerir en forma de gránulos pringosos.

Los búhos, como el resto de las aves, no pueden masticar. Es una de las desventajas de no tener dientes. Por eso se tragan las presas enteras, empezando por la cabeza. Pero hay un problema. Algunos animales, búhos incluidos, no pueden digerir los huesos, los dientes o el pelo, y tienen que deshacerse de ellos. Los búhos lo hacen con los pellets.

Los búhos vomitan unos gránulos, llamados pellets, con las partes incomestibles. Suelen hacerlo a diario. La mayoría de los pellets caen en la hierba o entre la maleza y desaparecen. Pero los pellets de la lechuza común son más fáciles de encontrar porque anidan cerca de los humanos. Les gustan los establos y los edificios vacíos, así como las cajas nido que la gente pone para ellas. Cerca del nido pueden encontrarse montones de pellets. Cuando son recientes son firmes y negros, pero con el tiempo se vuelven grisáceos y polvorientos, como la ceniza. La lechuza común también produce heces normales, pero resultan fáciles de distinguir porque son blancas.

Vomitar los pellets
La lechuza común regurgita uno o dos pellets tras una noche de caza satisfactoria. Los pellets se pasan unas 6 horas en el aparato digestivo de la lechuza hasta que los regurgita. Los vomita posada en su rama favorita.

Búho

Pellet

Fardo de huesos

Los huesos de roedor que hay
en el pellet suelen ser fáciles
de identificar, desde el cráneo
hasta la columna vertebral,
y nos dicen qué animales
ha comido.

Los pellets recientes
son oscuros.

Si observas atentamente, sabrás lo que ha comido.

Los huesos del pellet
suelen estar intactos.

Bola de pelo

La lechuza común come
ratones y topillos. Sus pellets
presentan muchos pelos de
sus presas, que ayudan a
formar fardos compactos.

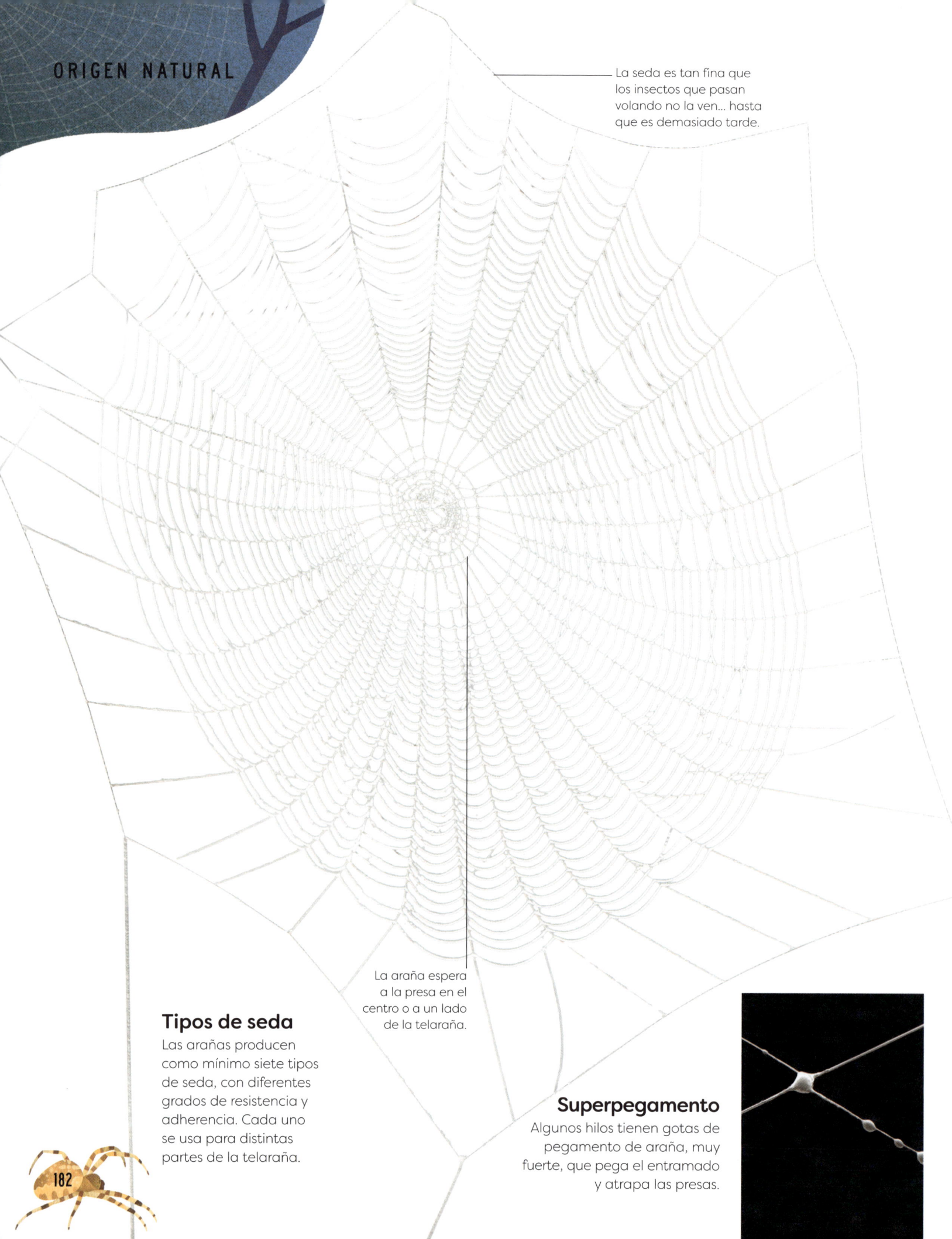

La seda es tan fina que los insectos que pasan volando no la ven... hasta que es demasiado tarde.

La araña espera a la presa en el centro o a un lado de la telaraña.

Tipos de seda

Las arañas producen como mínimo siete tipos de seda, con diferentes grados de resistencia y adherencia. Cada uno se usa para distintas partes de la telaraña.

Superpegamento

Algunos hilos tienen gotas de pegamento de araña, muy fuerte, que pega el entramado y atrapa las presas.

Tela de araña

Las arañas tejen complejas telarañas de seda para atrapar insectos.

Cualidades como fuerte y elástica forman una combinación muy útil que se encuentra en muchas cosas, desde las cintas elásticas hasta los cables flexibles. El material más fuerte y elástico de la naturaleza probablemente es la seda de araña. Esta fibra es tan fina que apenas pesa nada, pero es cinco veces más fuerte que el acero a igual cantidad. Las arañas lo producen con unos órganos llamados hileras, que tienen en el extremo del cuerpo. Al principio, la seda es líquida, pero a medida que la araña la extrae de las hileras con las patas, se va endureciendo y forma un hilo extremadamente resistente. Las mejores telarañas son las que hacen las arañas tejedoras del orbe, como la araña de jardín europea, que teje grandes telarañas circulares. La mayoría las hacen hembras grandes, que necesitan alimentarse bien para poner huevos. ¡Tejen una telaraña nueva cada mañana en menos de 30 minutos! Su objetivo es atrapar insectos voladores. En cuanto tocan la telaraña, se abalanza sobre ellos. La seda es demasiado valiosa para malgastarla, así que al final del día la reciclan comiéndosela.

Araña de jardín europea
(*Araneus diadematus*)
Esta araña puede verse tejiendo su telaraña en jardines, parques y parajes verdes de Europa y Norteamérica.

Paso 1

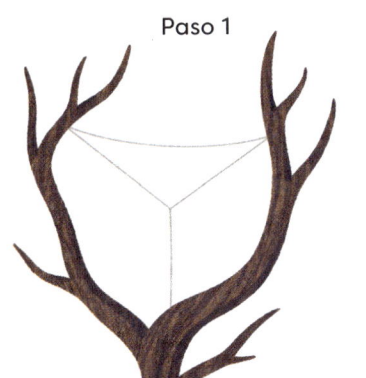

Paso 2

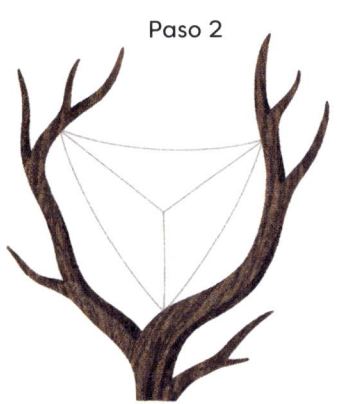

Paso 3

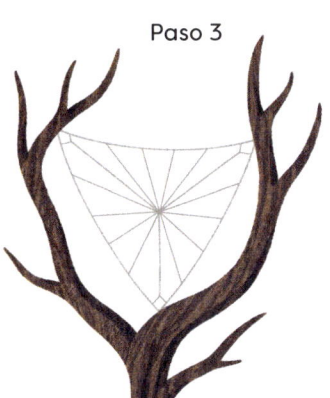

Paso 4

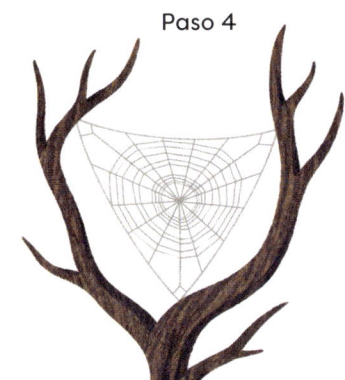

Tejer la tela
Primero la hembra asegura un tramo de hilo y acto seguido añade otros para formar un triángulo. Luego confecciona los radios y finalmente los conecta con espirales de su seda más pegajosa.

Ámbar gris

Esta peculiar sustancia grumosa, conocida como oro flotante, la producen los cachalotes.

En una playa ves lo que parece ser una piedra, pero hay algo que no encaja. Es demasiado liviana para ser una piedra. Pero todavía es más raro su olor, con un toque a bosque húmedo y agua de mar. Se trata de un trozo de ámbar gris. Durante siglos su origen fue un enigma. Se llegó a decir que era espuma de mar solidificada o saliva de dragón, o algún tipo de hongo marino. Ahora sabemos que el ámbar gris lo producen los cachalotes.

Los cachalotes comen mucho calamar, pero no pueden digerir ni su duro pico ni su caparazón interno, llamado pluma. A veces, estas partes duras quedan atascadas en sus intestinos. Entonces el cachalote produce una sustancia cerosa que une todas esas partes duras. Con el tiempo, forman una masa sólida, que el animal elimina como si fueran heces. Una vez que ha sido expulsado, el ámbar gris flota libremente. El ámbar gris siempre ha costado una fortuna a causa de su peculiar olor. Es especialmente preciado en la industria perfumista porque ayuda a que la fragancia permanezca más tiempo en la piel.

En la playa

El ámbar gris puede acabar en las playas de todo el mundo. Suelen encontrarlo los perros, que detectan su fuerte olor.

Su superficie es quebradiza y cerosa.

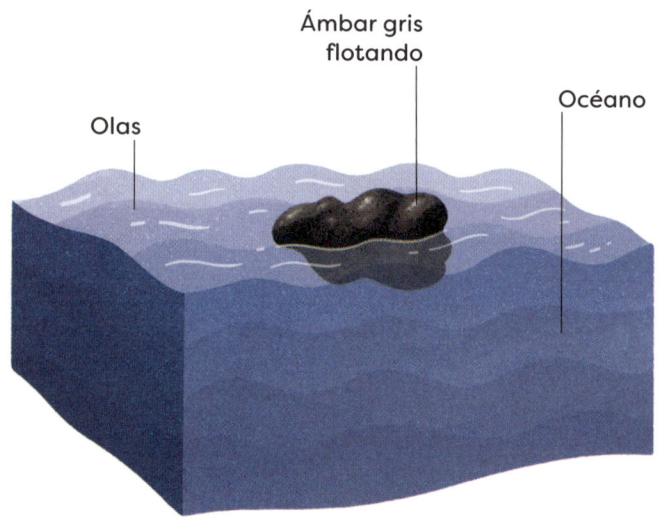

Olas

Ámbar gris flotando

Océano

En el océano

Cuando sale del cuerpo del cachalote, el ámbar gris es blando y negro. Puede permanecer flotando en el mar durante meses o años. El sol y el agua salada hacen que poco a poco se endurezca y se vuelva marrón claro, gris o blanco.

Cuesta mucho encontrar un trozo de ámbar gris que desprenda un olor dulce.

Cachalote
(*Physeter macrocephalus*)
Es la ballena con dientes más grande del mundo. Caza calamares y peces por todo el planeta, a menudo a gran profundidad.

Los restos duros de lo que ha ingerido acaban atrapados en el ámbar gris.

Superficie polvorienta
Si el ámbar gris ha estado mucho tiempo en el mar, pueden formarse manchas blancas polvorientas en su superficie.

Glosario

alga organismo acuático que fabrica su alimento mediante la fotosíntesis usando la energía de la luz del sol

anfibio animal de piel fina y viscosa que puede vivir en el agua y en tierra, como las ranas, los sapos y los tritones

anfitrión organismo del que se beneficia otro tipo de organismo. Por ejemplo, los perros son los anfitriones de las pulgas, que les chupan la sangre, y otros pájaros son los anfitriones de los cucos, que ponen sus huevos en su nido

animal organismo que obtiene la energía de los alimentos y se reproduce con huevos o dando a luz crías vivas.

artrópodo tipo de invertebrado con un exoesqueleto duro y articulado. Los insectos, los cangrejos y las arañas son artrópodos

bivalvo tipo de molusco con dos valvas unidas por una charnela. Las vieiras, las almejas, los mejillones y las ostras son bivalvos

branquia órgano que algunos animales usan para respirar bajo el agua

cabezuela estructura que produce una planta, y que contiene y protege sus semillas

caducifolio descripción de los árboles que pierden las hojas una vez al año para luego volver a crecerles

camuflaje aspecto de un organismo que le ayuda a pasar inadvertido en su entorno

canino diente puntiagudo que se encuentra cerca de la parte delantera de la mandíbula de los mamíferos

caparazón cobertura protectora dura que suelen estar hecha de carbonato de calcio

carbonato de calcio sustancia compuesta de calcio, carbono y oxígeno que conforma la roca caliza. También está en huesos y caparazones

carnívoro organismo que come carne

cáscara cobertura protectora dura. Algunas plantas producen frutos con una cáscara hecha de celulosa y lignina

cefalópodo tipo de molusco que come con los tentáculos. Los pulpos y los calamares son cefalópodos

celulosa material duro presente en las plantas

colonia grupo grande de animales que viven juntos, a menudo en el mismo habitáculo, como las abejas y las avispas

corteza revestimiento de los árboles que protege la madera blanda que hay debajo

cristal tipo de mineral que suele tener una forma geométrica con muchas caras planas y bordes rectos

crustáceo tipo de artrópodo que tiene antenas, muchas patas y un exoesqueleto duro. Los cangrejos, las gambas y las langostas son crustáceos

depredador animal que caza y mata a otros animales, llamados presas, para alimentarse

elemento forma más simple de una sustancia química que no puede descomponerse en otras más simples

embrión organismo joven en una fase temprana de desarrollo que se encuentra en el interior de una semilla, huevo o útero

escama placa pequeña y dura que protege el cuerpo de algunos animales. Los reptiles y los peces tienen todo el cuerpo cubierto de escamas

esmalte material duro que recubre los dientes

especie tipo de organismo cuyos miembros pueden reproducirse entre ellos y suelen parecerse entre sí

espora granos parecidos a las semillas que los musgos, los helechos y los hongos utilizan para reproducirse

esqueleto armazón interno o externo que sostiene el cuerpo de un animal. En los vertebrados, el esqueleto está compuesto por muchos huesos o cartílagos

exoesqueleto recubrimiento duro que sustenta el cuerpo de algunas criaturas. Para poder crecer, el animal debe mudar de exoesqueleto

extinto cuando no queda un solo ejemplar vivo de una determinada especie

fósil huellas o restos preservados de un organismo que vivió hace muchos años

fosilización proceso por el que un organismo se transforma en roca con el paso de muchos años. Normalmente solo se fosilizan las partes duras de un ser vivo. Por ejemplo, los huesos, los caparazones y las ramas

fotosíntesis proceso por el cual las plantas fabrican azúcar usando la energía de la luz del sol

fruto estructura que rodea la semilla de una planta (carnoso, como la manzana, o seco, como el fruto del arce)

gasterópodo tipo de molusco que se desplaza sobre un pie fuerte y musculoso. Las babosas y los caracoles son gasterópodos

hábitat lugar donde vive un organismo. Algunas formas de vida solo pueden sobrevivir en un hábitat específico. Por ejemplo, un océano, una selva tropical o un desierto

herbívoro organismo que se alimenta de plantas

hidrato de carbono sustancia que producen los organismos vivos. Los azúcares y el almidón son hidratos de carbono. Las patatas y los granos contienen muchos hidratos de carbono

hongo organismo que suele crecer en el suelo y se alimenta de los restos de plantas y animales. Las setas y los mohos son partes de hongos

hueso estructura rígida que sostiene partes del cuerpo de un vertebrado. Muchos huesos están unidos entre sí para formar el esqueleto

huevo célula de la que sale una cría de animal. Por fuera puede ser blando, como en los anfibios; correoso, como en los reptiles; o duro, como en los pájaros

incisivo tipo de diente presente en la parte delantera de la boca de los mamíferos. Los incisivos de los elefantes se han transformado en colmillos

incubación proceso que consiste en mantener el huevo caliente para que el embrión que hay dentro pueda desarrollarse. Las aves suelen sentarse sobre los huevos para incubarlos y los reptiles suelen enterrarlos en la arena o en la vegetación en descomposición

invertebrado animal sin columna vertebral. Algunos invertebrados tienen otro tipo de esqueleto externo o interno que sustenta su cuerpo. Los gusanos, los insectos y los moluscos son invertebrados

larva cría de determinados animales, incluidos los insectos y los anfibios. Las larvas pueden tener un aspecto muy distinto al de la criatura adulta

lignina material duro presente en las plantas

mamífero animal con pelo que suele dar a luz a sus crías. Los ciervos, los elefantes, las ballenas, los camellos y los roedores son mamíferos

metamorfosis proceso por el cual determinados animales se transforman de larva a adulto, entre ellos los insectos y los anfibios

migración proceso por el cual determinados animales se desplazan de un lugar a otro recorriendo una gran distancia, normalmente para reproducirse o encontrar comida

mineral sustancia compuesta por una combinación específica de elementos. Los minerales siempre contienen cristales y pueden ser de vivos colores

molar tipo de diente presente en los mamíferos. Los herbívoros suelen tener los molares grandes y planos para triturar las plantas

molusco tipo de animal invertebrado de cuerpo blando y normalmente un caparazón, como las babosas y los caracoles, los pulpos y los calamares, y los bivalvos

muda proceso que consiste en desprenderse de un revestimiento del cuerpo, que luego es reemplazado. Los pájaros mudan de plumas y los insectos mudan de exoesqueleto

músculo órgano fuerte que los animales usan para moverse. Los músculos pueden alargarse o acortarse haciendo que las partes del cuerpo adopten distintas posiciones

nácar material duro de carbonato de calcio que producen algunos bivalvos para cubrir el interior de su caparazón

néctar líquido dulce que producen las plantas para atraer a los polinizadores

nidada conjunto de huevos puestos por un animal

nido estructura construida por un animal para criar a sus crías

ninfa tipo de larva que se transforma poco a poco de cría a adulto

pájaro animal con plumas y pico que se reproduce poniendo huevos de cáscara dura. Los búhos, las águilas, los patos y los loros son pájaros

parásito organismo que se beneficia de otro organismo. Muchos parásitos viven sobre o dentro del cuerpo de un anfitrión o en su casa, y se apoderan de sus nutrientes

perenne descripción de los árboles que tienen hojas durante todo el año

pez animal con aletas y escamas que vive bajo el agua. Los salmones, las anguilas y los tiburones son peces

piedra preciosa mineral de vivos colores o raro que se usa en joyería

pigmento sustancia de color. Por ejemplo, las hojas deben el color verde a un pigmento llamado clorofila

planta organismo que suele crecer en el suelo y fabrica su alimento mediante la fotosíntesis. Los árboles, los arbustos y las flores son plantas

polen granos minúsculos que producen las piñas o flores macho para que la planta se reproduzca

polinizador animal que transfiere el polen de las partes masculinas a las partes femeninas de una flor

presa animal que es cazado y aniquilado por otros animales, llamados depredadores

proteína tipo de sustancia producida por los organismos vivos. Por ejemplo, los músculos están compuestos básicamente por proteínas

queratina material duro que se encuentra en algunos animales. La queratina está presente en el pelo, las uñas, las garras, las plumas y los cuernos

quitina material duro presente en los artrópodos y los hongos. Aporta resistencia al exoesqueleto de los insectos

reptil animal con escamas que respira aire. Las serpientes, los lagartos, los cocodrilos y las tortugas son reptiles

roca sustancia formada por una mezcla de minerales. Las rocas suelen ser duras y forman la capa externa de la Tierra

semilla estructura que producen las plantas y de la que sale una nueva planta

sistema solar zona del espacio que contiene el Sol y los planetas que lo orbitan, incluida la Tierra

tentáculo miembro largo de ciertos animales que estos utilizan para agarrar el alimento. Los corales, los pulpos y los calamares tienen tentáculos

venenoso descripción de un organismo que produce veneno. El veneno es una sustancia tóxica que mata o daña al organismo que lo ingiere o lo toca, o al que se lo inyectan

vertebrado animal que tiene una columna vertebral, que forma parte de su esqueleto interno. Los peces, los anfibios, los reptiles, los pájaros y los mamíferos son vertebrados

volcán lugar por el que la lava sale del interior de la Tierra. Muchos volcanes tienen forma cónica

Índice

DK | Penguin Random House

Autor Ben Hoare
Ilustración Kaley McKean

Edición del proyecto Olivia Stanford
Diseño Sonny Flynn
Coordinación editorial Issy Walsh
Edición de arte del proyecto Kanika Kalra
Edición de producción sénior Rob Dunn
Control de producción sénior Francesca Sturiale
Documentación gráfica Vagisha Pushp
Maquetación Sachin Gupta, Syed Md Farhan
Edición ejecutiva Jonathan Melmoth
Edición ejecutiva de arte Diane Peyton Jones, Ivy Sengupta
Subdirección de arte Mabel Chan
Dirección editorial Sarah Larter

Textos adicionales Tom Jackson
Asesoramiento en biología Dra. Amy-Jane Beer
Asesoramiento en minerales Dr. Devin Dennie

Edición en español
Coordinación editorial
Cristina Gómez de las Cortinas
Asistencia editorial y producción Malwina Zagawa

Servicios editoriales Tinta Simpàtica
Traducción Ana Riera Aragay

Publicado originalmente en Gran Bretaña en 2021
por Dorling Kindersley Limited
DK, One Embassy Gardens, 8 Viaduct Gardens,
Londres, SW11 7BW
Parte de Penguin Random House

Título original: *Nature's Treasures*
Primera edición: 2022

ISBN: 978-0-7440-6441-4

Impreso y encuadernado en China

Para mentes curiosas

www.dkespañol.com

MIXTO
Papel | Apoyando la selvicultura responsable
FSC™ C018179

DK quiere agradecer a: Sally Beets, Marie Greenwood, Kieran Jones, Katie Lawrence, Manisha Majithia, Niharika Prabhakar y Kathleen Teece, por la asistencia editorial; Debra Wolter por la revisión, y Helen Peters por el índice.

Créditos de las imágenes

Los editores quieren agradecer a los siguientes su permiso para la reproducción de sus fotografías:
(Clave: a: arriba; b: bajo, debajo; c: centro; d: derecha; e: extremo; i: izquierda; s: superior)

7 Alamy Stock Photo: Nature Picture Library / Ingo Arndt (bi). **8 Alamy Stock Photo:** Orsola Iacono (cdb); Jason (cd); Westend61 GmbH / Martin Rügner (cib). **12 Alamy Stock Photo:** Nature Photographers Ltd / Paul R. Sterry; Panther Media GmbH / germanopoli (sd). **14 Alamy Stock Photo:** Nature Photographers Ltd / Paul R. Sterry (ca); Science History Images / Photo Researchers (cda). **Dorling Kindersley:** Natural History Museum, Londres (cdb). **Dreamstime.com:** Isselee (cb). **15 Dorling Kindersley:** Natural History Museum, Londres (cib). **16-17 Alamy Stock Photo:** Nature Picture Library / Wild Wonders of Europe / Zankl. **18 Alamy Stock Photo:** Agefotostock / Marevision (cia); Arterra Picture Library / Clement Philippe. **20 Alamy Stock Photo:** Buiten-Beeld / Jelger Herder (cib); Ian Redding. **23 Dorling Kindersley:** Barnabas Kindersley. **Dreamstime.com:** Henrimartin (si). **24 Alamy Stock Photo:** Juniors Bildarchiv GmbH / F282 (cia); Natural History Museum, Londres (cib, cd). **Dreamstime.com:** Anton Starikov (cb). **25 Alamy Stock Photo:** eye35 (c); Fabrizio Troiani (I). **Dorling Kindersley:** Natural History Museum, Londres (sd). **27 Alamy Stock Photo:** Richard Becker (sd); PjrStudio. **28 Alamy Stock Photo:** Jan Csernoch (cia). **Linden Gledhill. 30-31 Dreamstime.com:** Olga Ovchinnikova (b). **32 Alamy Stock Photo:** Mim Friday. **Dreamstime.com:** Eugene F (cia). **35 Alamy Stock Photo:** www.pqpictures.co.uk (si). **36 Alamy Stock Photo:** imageBROKER / Thomas Schneider (bd); Ines Porada. **38 Alamy Stock Photo:** Jose Lucas (cia); Zoonar GmbH / Lagunatic Photo (ca); Nature Photographers Ltd / Paul R. Sterry (cib). **Science Photo Library:** Pascal Goetgheluck (cdb); Smithsonian Institution (cda). **39 Alamy Stock Photo:** Arterra Picture Library / Clement Philippe (s); PjrStudio (cb). **40-41 Alamy Stock Photo:** Robertharding / Michael Nolan. **42 Alamy Stock Photo:** Emmanuel Lattes (sd); M@rcel. **44-45 Alamy Stock Photo:** Clarence Holmes Wildlife. **45 Alamy Stock Photo:** Daniel Dempster Photography (sd). **46 Alamy Stock Photo:** Survivalphotos (sd). **Dorling Kindersley:** Thomas Marent. **48 Alamy Stock Photo:** Emmanuel Lattes (cib). **48-49 Alamy Stock Photo:** Emmanuel Lattes. **50 Alamy Stock Photo:** Custom Life Science Images (cd); Robert C Paulson Jr (c); Martin Shields (cb); www.pqpictures.co.uk (cdb). **Shutterstock.com:** Dan Bagur (ci). **51 Alamy Stock Photo:** Diane Macdonald (cib); Science Photo Library (ca). **52-53 Dorling Kindersley:** Natural History Museum, Londres. **52 Dreamstime.com:** Javier Alonso Huerta (sc). **54 Dorling Kindersley:** Booth Museum of Natural History, Brighton (si). **Science Photo Library:** UCL, Grant Museum Of Zoology (cdb). **55 Alamy Stock Photo:** Sabena Jane Blackbird (cda). **Dorling Kindersley:** Natural History Museum (ci); Natural History Museum, Londres (ca). **Science Photo Library:** Science Source / Millard H. Sharp (cdb). **56 Dreamstime.com:** Taviphoto. **Getty Images / iStock:** ShaftInAction (sd). **59 Alamy Stock Photo:** www.pqpictures.co.uk (sc). **60 Alamy Stock Photo:** imageBROKER / Karsten Wrobel (cia); Yon Marsh Natural History. **62 Alamy Stock Photo:** Minden Pictures / Ingo Arndt (cia); Minden Pictures / Hiroya Minakuchi (cda); Martin Shields (cib); Sabena Jane Blackbird (cdb). **63 Alamy Stock Photo:** Interfoto / History (i); Natural History Museum, Londres (cdb). **Dorling Kindersley:** Natural History Museum, Londres (ca). **64-65 Alamy Stock Photo:** imageBROKER / SeaTops. **66-67 Science Photo Library:** James Steinberg. **66 Alamy Stock Photo:** Doug Perrine (bd). **68 Alamy Stock Photo:** Juniors Bildarchiv GmbH / F282 (si); Robertharding / Michael Nolan (cdb). **Dreamstime.com:** Volodymyr Byrdyak (cd); Isselee (cib). **69 Alamy Stock Photo:** Chris Mattison (cib); Natural History Museum, Londres (cia, cib); Minden Pictures / Richard Du Toit (cda). **70-71 Alamy Stock Photo:** Sabena Jane Blackbird. **71 Alamy Stock Photo:** Robertharding / Ann & Steve Toon (si). **72 Alamy Stock Photo:** Frank Blackburn (cia); Chris Hellier (cb). **Science Photo Library:** Ted Kinsman (cib); Barbara Strnadova (cda). **73 Alamy Stock Photo:** Chris Hellier (s, cd). **naturepl.com:** Laurent Geslin (cia). **77 Alamy Stock Photo:** Ray Mathis (bi). **Dreamstime.com:** Iofoto. **78 Alamy Stock Photo:** Science Photo Library / Steve Gschmeissner (bd); Ian West. **80 Alamy Stock Photo:** Frank Hecker (cia); Wildlife Gmbh (cda); Eric Lafforgue (cdb). **81 Alamy Stock Photo:** Imagebroker / Arco Images / Diez, O. (cd). **Dreamstime.com:** Marek Mnich (b). **82-83 Alamy Stock Photo:** imageBROKER / Stella. **84 Alamy Stock Photo:** blickwinkel / McPHOTO / OTF; Icon Digital Featurepix (cia). **86 Alamy Stock Photo:** Pally (cib). **86-87 Alamy Stock Photo:** Peter Morley. **88-89 Dreamstime.com:** Rozenn Leard (s). **88 Alamy Stock Photo:** Ken Griffiths (cdb). **90 Alamy Stock Photo:** Flowerphotos. **Science Photo Library:** Leonard Lessin (sd). **92 Alamy Stock Photo:** imageBROKER / Guenter Fischer (cdb); Greg Vaughn (ca); Itsik Marom (cda); Alfio Scisetti (cib); Picture Partners (cia). **Dreamstime.com:** Alfio Scisetti (cb). **93 Alamy Stock Photo:** Nigel Cattlin (cd); John Plant (s). **94-95 Alamy Stock Photo:** Agencja Fotograficzna Caro / Sorge. **96 Alamy Stock Photo:** SDym Photography; Natalya Yudina (sd). **98-99 Dreamstime.com:** Mahira. **99 Alamy Stock Photo:** Martin Shields (cb). **101 Alamy Stock Photo:** Horizon International Images Limited. **SuperStock:** Minden Pictures (si). **102 Alamy Stock Photo:** Gabbro (i); Wildlife Gmbh (d). **103 123RF.com:** utima (ca). **Dreamstime.com:** Sriharun (cdb); Keith Wilson (cia). **© Board of Trustees of the Royal Botanic Gardens, Kew:** (cb). **Shutterstock.com:** Scisetti Alfio (cib). **104 Alamy Stock Photo:** blickwinkel / Hecker (sd); FLPA. **107 Alamy Stock Photo:** Photoco; Wildlife Gmbh (si). **108 Alamy Stock Photo:** David Cole (sd). **Dreamstime.com:** Alessandra Rc. **111 Alamy Stock Photo:** ItsOnlyLight (si). **112 Alamy Stock Photo:** Hans Stuessi (cda, cdb). **Dreamstime.com:** Amelia Martin (cib); Pipa100 (cb). **Shutterstock.com:** Digilog (ca). **113 Alamy Stock Photo:** Juniors Bildarchiv GmbH / juniors@wildlife / Harms, D. (cb). **Dreamstime.com:** Marek Uliasz (cib). **114-115 Dreamstime.com:** Tomás del Amo. **116 Alamy Stock Photo:** Diadem Images / Jonathan Larsen (sd); FLPA. **118 Alamy Stock Photo:** Gabor Kecskemeti (sc). **Dreamstime.com:** Alfio Scisetti. **122 Alamy Stock Photo:** Robin Whalley (cib). **naturepl.com:** Nick Upton. **126 Alamy Stock Photo:** Steve Hellerstein; Jon Stokes (sd). **128 Alamy Stock Photo:** Martin Baumgaertner (cda); ikonacolor (ca); Panther Media GmbH / vvoennyy (cib); Valery Voennyy (cb); Natural History Museum, Londres (cdb). **Dorling Kindersley:** Holts Gems (cia). **129 Alamy Stock Photo:** jewelstockimage (s); Valery Voennyy (cd). **130-131 Shutterstock.com:** KPixMining. **132 Dreamstime.com:** James Steidl / Jgroup. **Science Photo Library:** Kenneth Libbrecht (bd). **135 Alamy Stock Photo:** Agefotostock / Iolanda Astor (si); Hans-Joachim Schneider. **136 Dreamstime.com:** W.scott Mcgill; Vladwitty (sd). **138 Alamy Stock Photo:** Simon Maycock (sd). **Dreamstime.com:** Geografika. **141 Dorling Kindersley:** Oxford University Museum of Natural History. **Dreamstime.com:** Björn Wylezich (sd). **142 Alamy Stock Photo:** Howard West (cib). **143 Alamy Stock Photo:** Corbin17 (ca); SBS Eclectic Images (cb). **Dorling Kindersley:** Natural History Museum, Londres (cia). **Dreamstime.com:** Björn Wylezich (cda). **144 Science Photo Library:** Dr Jeremy Burgess (sd). **147 Alamy Stock Photo:** John Cancalosi (bi). **148 Alamy Stock Photo:** John Cancalosi. **Dreamstime.com:** Chrisp543 (sd). **150 Dorling Kindersley:** Natural History Museum (cdb). **Dreamstime.com:** Rob Kemp (cia); Siimsepp (cib). **151 Alamy Stock Photo:** geoz (sd). **152-153 Alamy Stock Photo:** Nature Picture Library / Sergey Gorshkov. **154 Alamy Stock Photo:** Henk van den Brink (bd); Corbin17. **157 Alamy Stock Photo:** Nick Greaves (bd); Ivan Vdovin. **158 Alamy Stock Photo:** John Cancalosi (ca); Rosanne Tackaberry (cia); Wild Places Photography / Chris Howes (cda); Natural History Museum, Londres (cib). **Dorling Kindersley:** Natural History Museum, Londres (cb, cdb). **159 Dorling Kindersley:** Natural History Museum, Londres (s, cdb). **160 Science Photo Library:** Dirk Wiersma (cib). **160-161 Alamy Stock Photo:** S.E.A. Photo (b). **162 Alamy Stock Photo:** Susan E. Degginger (sc). **162-163 Alamy Stock Photo:** Natural History Museum, Londres. **167 Alamy Stock Photo:** Papilio / Robert Pickett (bi); Wildlife Gmbh. **168 Alamy Stock Photo:** Lisa Geoghegan (sd); razorpix. **170 Alamy Stock Photo:** MLC Biodiversity (cib). **171 Alamy Stock Photo:** Greg Forcey (cib); Oliver Hoffmann (cdb). **Dorling Kindersley:** Booth Museum of Natural History, Brighton (ca); Natural History Museum, Londres (cia); Natural History Museum (cb). **172 Alamy Stock Photo:** Robert Henno (sd). **Dorling Kindersley:** Natural History Museum, Londres. **175 Alamy Stock Photo:** Avalon.red / Anthony Bannister (bi); sciencephotos. **176 Alamy Stock Photo:** blickwinkel / H. Bellmann / F. Hecker (sd); Nature Picture Library / Ingo Arndt. **178 Alamy Stock Photo:** Ann and Steve Toon (sd). **Dreamstime.com:** Light & Magic Photography. **181 Alamy Stock Photo:** Michael Schroeder. **Science Photo Library:** Dr Morley Read (sc). **182 Alamy Stock Photo:** H Lansdown. **Science Photo Library:** Power And Syred (bd). **184 Alamy Stock Photo:** Parmorama (sd). **184-185 Dreamstime.com:** Tetiana Kovalenko

Imágenes de cubierta: *Cubierta frontal:* **Alamy Stock Photo:** Steve Hellerstein (cia), Horizon International Images Limited (ci), ItsOnlyLight (bi), Natural History Museum, Londres (cdb), Nature Photographers Ltd / Paul R. Sterry (cda), SDym Photography (si), Ivan Vdovin (sd), www.pqpictures.co.uk (cib); **Dorling Kindersley:** Thomas Marent (cd); **Dreamstime.com:** James Steidl / Jgroup (bd); *Contracubierta:* **Alamy Stock Photo:** Martin Baumgaertner (si), Photoco (bi); **Science Photo Library:** Pascal Goetgheluck (sd)